Ama

de la guerre à la paix

Philippe Malmont

Ama

de la guerre à la paix

EDITIONS LE NORDAIS

LES ÉDITIONS LE NORDAIS (livres) LTÉE
Une filiale de: Les Placements Le Nordais Ltée
100, ave Dresden
Ville Mont-Royal, Qué. H3P 2B6
Tél.: (514) 735-6361

© 1981, Éditions France-Empire, Paris
© 1982, Les Éditions Le Nordais (livres) Ltée, Montréal,
   pour la présente version, pour le Canada
Dépôts légaux, premier trimestre 1982:
Bibliothèque nationale du Québec et
Bibliothèque nationale du Canada
Tous droits réservés

ISBN 2-89222-033-5

AMA
Est-ce un prénom ? Un rêve ?
Une désespérance ?
Je dédie ce livre à AMA.

PREMIERE PARTIE

Avant...

I

Je m'appelle Ama et je vais sur mes quinze ans. Je vis actuellement en France à Ville-d'Avray dans une famille de Français : il y a deux enfants à peu près de mon âge, un garçon qui a treize ans et demi, Olivier, et sa sœur de cinq mois moins âgée que moi, Clémence.

Clémence est un joli prénom. C'est doux. Ils m'ont demandé ce que signifiait Ama. Je n'ai pas su répondre. C'est vrai qu'en Asie, d'où je viens, les prénoms ont toujours une signification mais il faut croire que le mien ne signifie rien.

Mon père m'avait toujours appelée Ama, mais ni lui, ni ma mère ne m'ont jamais rien dit sur mon prénom. Etait-ce un de leurs souvenirs communs, une de leurs nombreuses connivences ?

Je vis à Ville-d'Avray et en ce début d'hiver, tout est déjà sous la neige et j'ai froid. C'est la première fois que je vois la neige. On glisse dans la rue et je tombe souvent. Ce qui fait rire Olivier et Clémence. Ils se moquent de moi mais bien vite m'aident à me relever et me tiennent par la main. Il y a également à Ville-d'Avray une petite chienne avec des poils qui lui cachent les yeux et qui a pour nom, Mélodie. J'ai essayé de trouver la traduction de ce nom dans ma langue. Je n'ai pas su trouver le sens exact **mais j'ai** compris musique et j'ai quelquefois envie de chanter quand je la caresse.

Ville-d'Avray est sous la neige et je suis triste. Il n'y a pas de feuilles sur les arbres, sauf un lierre vert foncé le long de la grille de la porte d'entrée. Avec le blanc de la neige, c'est presque beau... Cependant je ne sais toujours pourquoi mais je suis souvent triste.

Cela doit faire cinq mois que je suis arrivée en France. Mon cœur depuis quelque temps, bien longtemps, trop long-temps est comme une maison désaffectée... vous savez bien, ce genre d'endroits abandonnés par les occupants depuis un certain temps déjà. Les volets sont fermés, il y fait sombre, quelquefois humide; les papiers des murs se sont décollés, révélant quelques lézardes, cicatrices mal fermées ou bles-sures encore apparentes mais c'est le genre d'endroits où, on ne sait par quel hasard, il reste des choses un peu incon-grues... un fauteuil, une vieille cuisinière, une glace mainte-nant ébréchée, toutes choses qui ont leur place dans une maison vivante, mais qui prises isolément dans une maison abandonnée, contribuent à une certaine tristesse. Il semble qu'il suffirait de si peu de choses pour que tout renaisse... Une maison, je le sens, doit toujours avoir une histoire en trois parties : avant, pendant, après.

Une vie, si courte soit-elle, cela doit être la même chose... Mon « avant » fut presque une félicité. Pour autant que je remonte dans mes souvenirs cela avait été un lit douillet avec quelquefois d'étranges événements et des prémonitions.

Le « pendant », je ne sais pas, je ne sais plus... Maison désaffectée, cœur désaffecté. Mortelle tristesse.

***

Mon meilleur souvenir c'est celui de mon père rentrant à la maison, de son travail... souvent le soir tard, parfois à la nuit tombée. Là-bas où j'habitais, la nuit tombe très vite, d'un seul coup, vers les six heures. En France, avec les horaires d'hiver, d'été, je ne sais plus très bien où j'en suis.

Les grandes personnes qui décident de cela n'ont peut-être pas vu que les animaux, comme les enfants, n'ont pas de montre et leur instinct suit le soleil...

Mon père ne sonnait pas à la porte d'entrée de notre villa, qui n'était jamais fermée, mais une fois dans le jardin il agitait une vieille clochette à la voix un peu enrouée, posée près de la porte.

Au premier carillon de la sonnette, notre jeu à ma petite sœur et à mon frère qui devaient avoir en ce temps-là respectivement huit et sept ans, était de savoir qui hurlerait le premier : « C'est papa, c'est papa, maman ! »

Alors mon petit frère, le dernier-né, — je le vois encore assis dans sa petite chaise de bébé en train de manger sa bouillie avec ma mère — ouvrait grand ses yeux et regardait vers le jardin. Un peu inquiet de tant de bruit, essayant de comprendre.

Et quand mon père arrivait, traînant dans ses jambes ma sœur et mon frère qui lui faisaient fête, alors — et je guettais à chaque fois cet instant — les yeux de mon petit frère se mettaient à sourire. Il ne disait rien, mais levait ses petits bras, et ses doigts remuaient comme pour dire : « Viens me prendre. »

Mon père avait l'habitude de le sortir de sa chaise, de l'embrasser et de le faire sauter dans ses bras. Alors il riait, riait aux éclats et ma mère intervenait : « Laisse, laisse-le, il est en train de manger ! »

Ensuite mon père m'embrassait en me disant : « Tiens je te donne un peu de bouillie... »

En effet, sa joue était souvent barbouillée de bouillie à force d'embrasser mon petit frère.

Alors enfin ma mère disait : « Et moi, personne ne m'embrasse ? », et nous tous de nous précipiter vers elle dans un grand brouhaha.

Ce n'était que peu de chose. Cela ne durait jamais très longtemps. Mais c'est certainement mon meilleur souvenir. Je devais avoir onze ans à l'époque.

*
**

Il neige sur Ville-d'Avray, de gros flocons drus et abondants. La mère de Clémence et Olivier à qui j'ai dit que je vois la neige pour la première fois de ma vie, a souri : « Eh bien Ama, tu as de la chance; la météo a annoncé que l'hiver sera très rude et qu'il y aura beaucoup de neige », puis s'adressant à Clémence et Olivier :

« Allez avec Ama faire une bataille de boules de neige dans le jardin. Je vais faire un feu dans la cheminée et à votre retour, vous aurez des marrons chauds. »

Ce sera aussi la première fois de ma vie que je mangerai des marrons.

Lorsque je suis arrivée en France, les premiers moments, j'ai été frappée par une chose : l'absence d'odeur dans les rues. Dans mon pays, les rues ont des odeurs... parfums d'épices où prédominent la cannelle et la coriandre, senteurs des fruits, fumets des cuisines ambulantes...

Ma mère me disait : « Ce n'est pas la peine d'apprendre le nom des rues. Tu peux les reconnaître à leurs odeurs... »

Il y avait la rue aux fleurs où étaient la plupart des fleuristes, la rue aux fruits et primeurs, la rue des drapiers et vendeurs de tissus où on sentait l'odeur du neuf... Les marchands de soupe avaient leurs échoppes à même le trottoir, quelques tables et chaises branlantes, et du matin jusque tard dans la nuit, on pouvait manger.

On y retrouvait côte à côte toutes sortes de gens, coolies et tireurs de pousse-pousse aux dos luisants de sueur, en short et sandalettes, des gens bien habillés, des jeunes, des vieux. Je disais souvent à mes parents : « Pourquoi n'irions-

nous pas nous asseoir et manger comme eux ? Cela sent
si bon ! »

Et ma mère répondait, en riant : « Ama, ce ne sont pas
des endroits pour toi. » J'insistais : « Mais il y a des gens
très bien habillés qui y viennent », car pour moi c'était un
signe qu'ils ressemblent à mes parents qui s'habillaient eux
aussi toujours très bien. Devant son silence, je comprenais
vaguement que je devais être un peu à part, qu'il y avait un
certain nombre de choses que je pouvais faire, d'autres pas.

Alors pour nous faire plaisir, ma mère envoyait la servante avec des bols — elle ne voulait pas que nous mangions dans les bols des marchands qui n'étaient peut-être
pas propres — et nous avions ainsi quelquefois pour notre
goûter des soupes fumantes.

C'était dans cette période « d'avant » une de mes joies,
en rentrant de l'école. Mais je ne sais pas pourquoi, j'aurais
voulu être comme les autres car je voyais de temps en temps
des enfants de mon âge assis sur le bord du trottoir avec leurs
parents et qui mangeaient.

Hors du temps et de l'espace... A des millions d'années-
lumière, ou simplement quelques mois avant, ou quelques
années plus tard...

Me suis-je trompée d'espace et de temps ?...

J'essaie de remonter vers mon enfance mais peut-être
ma vie récente et si courte d'adolescente est-elle trop lourde...

Car tout ce que je peux saisir ce sont finalement des bribes d'images, des miettes de sentiments et mon esprit souvent glisse sur une fluidité brumeuse et n'accroche rien.

Puis peu à peu, à force, l'effort porte ses fruits. J'ai l'impression d'être un peu comme Mélodie quand elle court dans le jardin. Elle court très vite, tourne en rond, s'arrête, renifle puis repart. Dans mon esprit, il y a une sarabande cotonneuse et aiguë...

Puis soudain, c'est la piste et l'esprit s'y enfonce avec délice... Recherche de mon enfance, de ce que j'ai connu comme bonheur. Je devais avoir peut-être quatre ans et ma mère m'avait emmenée chez le coiffeur. Avant j'ai cru comprendre que c'était elle qui me coupait les cheveux, dans le jardin pour n'avoir pas à balayer après.

Je me rappelle le petit tabouret que l'on mettait sur le siège, la serviette blanche qui m'enveloppait, sentait l'amidon et me sciait un peu le cou; puis les ciseaux qui couraient sur mes cheveux, et en bruit de fond, le bavardage entre la coiffeuse et ma mère.

J'ai souvenir d'avoir regardé la glace et dans ma mémoire il y a l'image d'une petite fille aux grands yeux, qui avait un peu peur et qui essayait néanmoins de prendre un air dégagé.

Quand nous sortîmes de chez le coiffeur, peut-être sans raison, peut-être parce que j'avais vécu ma première mutation, ma mère s'arrêta sur le chemin du retour dans une petite boutique et m'acheta une poupée en celluloïd.

Peut-être aussi tout simplement parce que j'avais été

sage... Sur le trottoir encombré et ensoleillé, ma mère marchait et je sautillais à ses côtés avec ma poupée.

Ma mère était belle avec sa longue chevelure et comme toute femme d'Asie, elle avançait droite en regardant devant elle. Je ne sus pas pourquoi, mais juste avant d'arriver chez nous, elle me prit dans ses bras, me souleva de terre et me dit : « Oh ! Ama ! Nous nous aimerons longtemps, n'est-ce pas ? Tu seras toujours mon amour Ama, n'est-ce pas ? »

Oui, mère, je n'ai pas changé, mais où es-tu ?

C'était il y a très longtemps, avant que la guerre n'entrât dans notre vie, dans la ville.

*
**

J'ai fait aujourd'hui une fugue. Depuis quelques jours j'avais envie de revoir ma petite sœur. Elle a été recueillie par une autre famille française, mais qui habite bien loin de Ville-d'Avray, dans le quatorzième arrondissement. J'y suis allée quatre ou cinq fois depuis que je vis à Ville-d'Avray, mais à chaque fois, c'était avec la maman de Clémence et Olivier. J'avais essayé chaque fois de bien retenir la route suivie, mais mon Dieu, que c'est loin de Ville-d'Avray, le Paris quatorzième; très vite je me suis perdue. J'ai traversé le parc de Saint-Cloud tout enneigé, tout blanc. J'ai franchi le pont de Saint-Cloud, encombré de voitures et la neige y est toute sale.

Quand je suis arrivée à la porte de Saint-Cloud, il faisait déjà nuit noire. J'ai demandé à une dame comment faire pour aller dans le quatorzième arrondissement et gentiment elle m'a amenée à une station de bus. J'avais pris avec moi les cinq francs que la maman de Clémence et Olivier me donne chaque semaine.

J'ai attendu longtemps l'autobus et je commençais à prendre froid. Je tremblais. Je me suis assise par terre car je ne me sentais pas très bien.

Un monsieur qui attendait l'autobus s'est approché de moi : « Tu as froid et tu n'es pas assez couverte. Et que fais-tu à une heure pareille hors de chez toi ? Ta maman ne devrait pas te laisser aller dans les rues le soir, comme cela ! »

Je n'ai pas répondu et je me suis mise à pleurer car il a parlé de ma mère.

Il est allé appeler un agent. L'agent est venu, m'a parlé gentiment et m'a amenée au poste de police. De là ils ont appelé la maman de Clémence et Olivier.

Elle est venue très vite. Je l'ai entendue s'expliquer avec les policiers. Il était question d'orphelin, de réfugié.

Sur le chemin du retour, elle a mis le chauffage de la voiture en marche. Elle ne m'a rien dit mais j'ai bien vu qu'elle avait de la peine.

Arrivée à Ville-d'Avray, j'ai vu aussi que Clémence avait pleuré.

II

J'aimais bien me promener avec ma mère dans les rues de notre ville. Mais à la fin, quand la guerre se rapprochait, je ne me rappelle pas avoir eu souvent l'occasion de le faire.

Quand j'avais la chance de pouvoir l'accompagner dans ses courses, c'était toujours dans certaines rues et pas d'autres... C'était toujours rapidement et ma mère disait souvent : « Il faut faire vite et rentrer avant le couvre-feu... »

Je crois aussi qu'elle avait peur de se faire accoster par les nombreux soldats étrangers qu'on voyait déambuler en ville. Une fois, un de ces soldats, jeune et blond, nous a suivies longtemps jusqu'à la porte de la maison. Il n'avait pas l'air méchant et je crois surtout qu'il voulait parler à quelqu'un...

Ma mère avait pressé le pas et c'était presque en courant que nous rentrâmes dans notre jardin.

En ce temps-là les rues de notre ville avaient un air étrange, presque irréel maintenant que je les revois avec un peu de recul. C'était comme si plusieurs mondes se côtoyaient, mais s'ignoraient, vivaient en parallèle, chacun animé d'un mouvement, d'une glissade différents...

Il y avait toujours des policiers en blanc à tous les carrefours, dans des abris faits avec quelques sacs de sable mais je savais que les gens disaient en riant : l'important est le toit de tôle au-dessus de leurs abris et qui les protège du soleil.

Plusieurs fois par jour, passaient dans les rues des convois militaires, ceux qui montaient au front... Les soldats avaient des casques qui leur cachaient les yeux... leurs vêtements étaient propres.

Puis il y avait les convois qui revenaient du front... Des camions souvent vides, des soldats tête nue, beaucoup d'ambulances; les roues des camions étaient tachées de boue.

Quand les convois militaires passaient, toute la circulation était arrêtée et les gens s'immobilisaient sur les trottoirs pour les regarder... Tout à coup, il n'y avait presque plus de bruits et on sentait planer dans l'air une angoisse presque palpable... On voyait passer la guerre... On la sentait. Mais une fois les convois disparus, et cela ne durait jamais très longtemps, la vie bruyante et colorée des rues de ma ville reprenait... Glissades différentes.

Ailleurs dans certains quartiers, toutes les rues étaient interdites aux civils; des blocs entiers d'immeubles étaient entourés de barbelés, de postes de garde...

Il y avait même des patrouilles avec d'énormes chiens. Mais tout autour de ces zones, malgré tout cela, malgré la guerre on retrouvait de l'aube jusque tard dans la soirée, avant le couvre-feu, la même foule, les mêmes odeurs, le même bourdonnement.

*
**

J'apprenais ainsi petit à petit que nous vivions dans un pays en guerre, qu'elle n'était pas très loin.

Je surprenais des conversations à demi-mot entre mes parents, où souvent il était question des gens de « l'autre côté », ou la guerre dans tels ou tels villages.

Parfois ils parlaient du frère de mon père, mon oncle, qui vivait loin de la ville, là-bas dans les rizières dans un village où mon père lui-même était né... Il y avait toujours une certaine angoisse dans leur voix.

*
**

Un jour j'avais demandé à mon père : « Quand la guerre a-t-elle commencé ?... »

Il n'eut pas l'air surpris, mais comme il en avait l'habitude lorsqu'il réfléchissait profondément, il regarda ailleurs, au loin, et me répondit doucement :

« Quand la guerre a-t-elle commencé ? Comme c'est curieux que l'on ne puisse guère se souvenir du temps alors que toute la vie de l'homme n'est faite que de temps. Ama, Je me rappelle seulement où cela a commencé. C'était un peu plus loin d'ici, derrière les collines, là où l'eau manque toujours. Puis le mouvement toucha la ville. Et puis... avec le temps les attentats devinrent de plus en plus nombreux... Puis la guerre est venue... »

C'est vrai qu'il y a eu beaucoup d'attentats ces dernières années...

Un soir, une de ces soirées chaudes où l'on n'arrive pas à dormir tellement l'air est moite et suffocant, mes parents décidèrent que l'on irait faire un tour dans le quartier. Cela arrivait quelquefois et se terminait toujours par un arrêt au grand carrefour, pas loin de notre maison, pour prendre une glace.

Les marchands avaient mis leurs tables à même le trottoir et aux quatre coins du carrefour il y avait foule...

J'aimais bien ces sorties, les lampions de toutes les couleurs, la lumière presque blanche des lampes à acétylène posées sur les tables, les airs de musique... Je sentais dans ces moments mon père et ma mère si proches l'un de l'autre...

Elle tenait notre dernier frère, endormi sur ses genoux, tout contre elle et disait de temps en temps à ma sœur, mon autre frère et à moi-même :

« Tenez bien votre glace... vous allez encore vous tacher ! Et puis il faut vous dépêcher. Il nous faut rentrer avant le couvre-feu ! »

Mon père avait sa main posée sur son épaule...

J'aimais bien ces sorties et je regardais de tous mes yeux... A une table plus loin, il y avait quelques soldats étrangers. Ils étaient grands, blonds et ils riaient très fort.

A un moment, j'avais remarqué un jeune homme passer deux ou trois fois près de leur table, semblant chercher quelqu'un. Il avait les mains dans les poches de son pantalon...

Je me souviens d'une explosion et de mon père nous criant : « Couchez-vous par terre !... », puis de notre course éperdue pour rentrer chez nous, et plus tard ma mère me disant : « Tu comprends Ama maintenant pourquoi je te refuse souvent d'aller seule dans la rue ou de t'asseoir même chez le marchand de soupe devant chez nous... »

*
**

Il paraît que la grenade avait éclaté parmi les soldats étrangers, éclaboussant la foule et qu'il y avait eu beaucoup de blessés, qu'une patrouille de police arriva peu après et arrêta trois suspects.

L'exécution eut lieu tout de suite sur la grande place.

Il paraît que deux des trois condamnés pleuraient comme l'on pleure lorsqu'il n'y a plus d'espoir.

Un seul ne pleurait pas.

Je suis arrivée en France au mois de septembre, cataloguée comme « mineure momentanément abandonnée », en d'autres termes je suis une enfant dont les parents sont, jusqu'à preuve du contraire, portés disparus mais non décédés.

Je crois savoir que beaucoup de personnes se sont penchées sur mon sort, pour savoir si mes parents sont réellement morts, si on pouvait m'adopter ou simplement me parrainer. C'est ainsi que je suis maintenant chez les parents de Clémence et Olivier.

Le temps a coulé... Il fait froid en France à Ville-d'Avray. Malgré la gentillesse de la famille qui m'a recueillie, je repense à mon « avant », à ma vraie famille, à mes racines...

C'est dur, et en même temps une douce jouissance, de se dire que l'on a des racines quelque part, loin d'ici, au-delà des continents et des mers.

C'est dur, devant tant de gentillesse, tant de chaleur, de ne pas pouvoir participer, de ne pas être enfant, avec l'innocence de l'enfance.

C'est dur d'avoir toujours dans son esprit des images lancinantes, de tristesse, de désespoir, de non-être.

Je suis une « mineure momentanément abandonnée ».

Je ne suis pas française.

Je suis peut-être simplement en transit...

**
**

Souvent le soir à Ville-d'Avray, après le dîner, Clémence et Olivier et leurs parents ont l'habitude de s'asseoir près de la cheminée une demi-heure, trois quarts d'heure. C'est leur façon d'être en famille, de se retrouver. Il y a peu de conversations mais chaque chose est à sa place, chaque personne bien en harmonie avec les autres. Il y a une atmosphère paisible et douce.

Olivier lit un illustré, allongé sur la moquette près du pouf en cuir. Son père fume tranquillement assis dans le fauteuil, jambes allongées, le regard au loin, prenant de temps en temps une gorgée dans son verre; en le regardant, je pense à un marin ou à un pêcheur content d'être rentré chez lui.

Sur le canapé, Clémence s'est pelotonnée contre sa mère et elles se parlent doucement.

D'habitude je ne regarde pas ces scènes, me sentant étrangère à cette harmonie, essayant de me faire toute petite, de ne pas exister, mais ce soir, j'ai regardé et j'ai dû détourner les yeux. Je me suis sentie gênée, rougir.

Puis malgré moi, mon regard était attiré à nouveau par le spectacle de Clémence et de sa mère tendrement enlacées. Alors, le souvenir des longs cheveux de ma mère, de son épaule un peu maigre mais qu'elle arrondissait pour que je puisse me lover contre elle, me revient à l'esprit.

Je me dis finalement que je suis seule et que je n'ai pas ma place dans ce tableau. Je pris une revue et me mis à la feuilleter, ayant envie de pleurer.

Tout à coup le père de Clémence, sentant peut-être, au-delà de ses rêves, de son regard lointain, mon désarroi, dit à Clémence : « Clémence chérie, veux-tu aller me chercher un verre d'eau ? » Lorsqu'elle revint de la cuisine, Clémence avait oublié son accès de tendresse pour sa mère, et elle s'assit près de moi. Alors je me suis sentie un peu moins à l'écart, surtout quand elle me dit à l'oreille :

« Tu sais Ama, il faut que je te parle de la préparation de la fête de Noël... »

**

Clémence m'a dit :

« A Noël chez nous, on se fait des cadeaux et l'on ouvre les paquets le vingt-quatre décembre à minuit... Tu verras c'est chouette ! J'ai d'ailleurs déjà une idée de cadeau pour toi mais je ne te le dirai pas ! Et tu sais, je vais t'amener avec moi vendre des croissants le samedi et le dimanche matin. On gagne vingt centimes par croissant vendu... C'est avec cet argent et les économies sur mon argent de poche que je peux faire les cadeaux à Noël... »

J'ai compris que le vendredi, en sortant de l'école, avec des camarades, elle allait dans les villas à côté, et aussi dans les appartements des immeubles voisins, pour prendre les commandes de croissants. Les pères avançaient de l'argent et le samedi matin de bonne heure, elles allaient chercher les croissants chez le boulanger et les livraient à ceux qui avaient commandé. Je n'ai pas tellement le cœur à fêter Noël mais comme Clémence est tellement douce et gentille je lui ai dit : « Merci Clémence. Oui j'irai avec toi. »

Je suis née par le plus pur des hasards dans une famille catholique, dans un pays où la majorité des gens sont bouddhistes, mais dans mon pays, on ne fête pas tellement Noël, sauf en assistant à la messe le vingt-quatre décembre; depuis longtemps, à cause du couvre-feu, elle avait lieu dans l'après-midi.

La grande fête chez nous est le nouvel an du calendrier lunaire. Le nouvel an chez nous est un peu la fête des enfants, un peu comme Noël en France.

En fait, les enfants de mon pays n'ont que deux fêtes par an, le nouvel an et la fête de la lune qui doit être le quinzième jour du huitième mois du calendrier lunaire... La fête de la lune est la seule occasion où les enfants même les plus jeunes se couchent tard.

Ma mère préparait toutes sortes de gâteaux, à la pâte d'amande, aux grains de lotus, même des gâteaux sucrés à l'extérieur et salés à l'intérieur avec de la saucisse, des jaunes d'œufs... Les gâteaux sont toujours ronds, en l'honneur de la lune.

Vers minuit, on disposait les gâteaux sur les nattes mises à même la terre dans le jardin.

Avec les gâteaux, il y avait toujours des jouets, des miniatures d'animaux mythiques, dragons, chevaux avec des ailes, ou un peu simplistes mais émouvants, des oiseaux de toutes sortes, ailes déployées comme prêts pour l'envol. A la nuit tombée nous nous asseyions en famille et nous chantions des comptines où il était toujours question de Monsieur la lune. Je crois que dans mon pays tous les astres sont masculins.

Et quand par hasard un nuage venait à cacher la lune, alors tous les enfants tapaient sur des casseroles, faisant le maximum de bruit possible, pour chasser le nuage et pour revoir à nouveau Monsieur la lune... Chasser ainsi le mauvais sort.

**

C'était au nouvel an de l'année du singe...

Un nouvel an chez nous, c'est des jours et des jours de préparation. Ma mère s'inquiétait à l'avance pour ma sœur et pour moi de la tunique et du pantalon que nous aurions à porter pour recevoir les gens ou pour aller rendre visite.

Longtemps à l'avance, on faisait les essais et une fois la tunique et le pantalon prêts, on les mettait dans l'armoire; et avec ma sœur, notre joie était d'aller ouvrir l'armoire, de toucher à nos habits et de rêver au jour de l'an.

Deux ou trois semaines avant le nouvel an, ma mère achetait les oignons d'une certaine variété de fleurs. Etait-ce des fleurs de lotus ? Il y avait un oignon pour chaque membre de la famille. Elle les incisait avec amour, les mettait à tremper, renouvelait leur eau — il fallait de l'eau de pluie qui était plus pure — plusieurs fois par jour.

Je la sentais toujours inquiète quand elle examinait les oignons car il fallait que les fleurs éclosent le 31 ou le 1ᵉʳ au plus tard : alors nous serions protégés et cette année-là nous aurions du bonheur. Elle avait toujours donné l'oignon le plus fleuri à notre dernier-né.

Puis, peut-être deux ou trois jours avant le 31, venait la préparation du gâteau de riz. Les amies de ma mère débarquaient, ou elle allait chez d'autres personnes, et c'était pendant des heures, avec un bavardage incessant, la préparation des gâteaux de riz, de ces grands gâteaux carrés entourés de feuilles de bananier qu'il fallait ensuite faire cuire dans d'énormes chaudrons pendant toute la nuit du 31.

Les gâteaux composaient notre repas du jour de l'an

avec des saucisses, des pâtés. On les offrait comme cadeaux
et on en donnait aux pauvres.

Le matin du jour de l'an, il y avait un rite particulier,
deviner qui allait venir le premier dans notre maison car
s'il était bien, alors avec lui venait la chance.

Ma pauvre mère, pour être plus sûre, faisait sortir un
d'entre nous pour faire deux ou trois pas dehors et rentrer
à nouveau... Elle avait toujours pensé qu'étant enfants, nous
ne pouvions qu'apporter de la chance car nous étions purs.

Puis au jour de l'an, venaient les moments tant attendus
par les enfants : mon père et ma mère nous donnaient un
peu d'argent, en billets tout neufs dans des petites enveloppes
rouges, le rouge étant signe de chance et de bonheur.

Et les amis de mes parents, ou les oncles et tantes qui
venaient rendre visite faisaient les mêmes gestes.

Une de nos joies au soir du 1ᵉʳ était de compter notre
cagnotte pour savoir qui avait gagné le plus d'argent. Et
c'était toujours mon dernier frère qui avait le plus de chance.

Rien de tout cela n'arriva pour le nouvel an de l'année
du singe...

Je sus plus tard par les vieux journaux que la mère
de Clémence et d'Olivier me montra, que c'est ce qu'on a
appelé dans la presse en France « l'offensive du Têt ».

Au nouvel an de l'année du singe, les bruits de la guerre
durèrent des jours dans notre ville. Nous restâmes longtemps

terrés dans le salon de notre maison, les fenêtres et portes barricadées. Puis tout cessa brusquement et à la radio nous apprîmes que : « l'ennemi s'est retiré ».

En fait je ne me souviens plus très bien, sinon d'avoir eu très peur et d'avoir vu ma petite sœur et mes frères sangloter de peur. C'était la première fois que j'avais entendu la guerre d'aussi près. Je ne sus pas en ce temps-là que je l'entendrais à nouveau, plus souvent, et surtout que je la verrais de plus près encore.

III

La neige est restée sur Ville-d'Avray. La maman de
Clémence et d'Olivier a dit qu'on irait se promener tout
à l'heure au parc de Saint-Cloud et qu'il faudrait bien se
couvrir.

J'aime bien marcher pieds nus mais ici cela n'est pas
possible. Les bottes que l'on m'a données me font mal.

La neige est belle mais je ne sais pas pourquoi, j'ai envie
de voir la mer. Peut-être parce que je l'ai toujours connue.
A notre maison près des lagons, quelquefois, la mer se
déchaîne de l'autre côté des rochers et fait tomber sur l'eau
du lagon une pluie de petites gouttes salées. Je restais longtemps à regarder les cercles mouvants qui se forment à chaque
goutte tombée.

L'eau du lagon est comme endormie. La pellicule de
cercles mouvants, c'est cela les rêves de l'eau. Je crois.

J'avais demandé à mon père pourquoi la mer était parfois calme et parfois déchaînée. Je me souviens de son bon air rêveur quand il m'avait répondu que c'était la lune qui orchestrait tout cela. J'entends encore sa phrase, mot pour mot, mais je ne la comprends toujours pas :

« Le mouvement de la mer est si complexe quand on le regarde de près. Il est vain de vouloir le saisir et le prévoir. On sait simplement que la lune orchestre l'ensemble, et que, quelque part, comme perdus dans un rêve, calmes comme une âme d'enfant, d'autres lagons ouvrent leurs bras au soleil. On sait également, qu'au même moment, sous d'autres cieux, la mer se déchaîne, envahit. »

Je réécris aujourd'hui cette phrase mais je ne comprends toujours pas. Et je pleure mon père.

***

J'aimais bien notre maison près des lagons. Ce n'est pas une maison comme on l'entend en France, mais plutôt une grande paillote sur pilotis.

Les cloisons sont en bambous tressés et tout autour des quatre chambres, il y a une grande véranda ombragée par les cocotiers. Quand le vent souffle très fort on entend la maison bouger, tressaillir mais elle reste vaillante, solide sur ses pilotis. Mon père disait quand il nous voyait effrayés :

« Mais non, n'ayez pas peur ! Elle accompagne le vent, elle danse avec le vent !... D'ailleurs, même si elle tombait, ce n'est pas ces quelques malheureux bambous tressés qui vous feront mal ! »

C'est vrai que notre maison près des lagons est comme un être vivant... Elle danse avec le vent, elle chante avec la pluie. Et quand l'eau du lagon est calme, elle s'endort et de temps en temps soupire comme un enfant dans son sommeil.

C'est là que j'ai passé avec ma famille les heures les plus heureuses de mon enfance. On y venait au début quand les routes étaient sûres, dès le vendredi soir.

Ma mère allait faire les courses et acheter le poisson ou les crabes chez les pêcheurs du coin.

On mettait un brasero sur les rochers pas trop loin de la paillote et on déjeunait et dînait dehors

La vie réglée sur le soleil était douce et calme.

Même mon frère qui était fort turbulent savait qu'il fallait respecter certains rites, par exemple celui de s'asseoir au crépuscule tous ensemble sur les rochers, les pieds dans l'eau tiède du lagon, et de regarder le miroir de l'eau changer, passer par toutes les couleurs de l'arc-en-ciel pour devenir ensuite d'un blanc argenté...

Clapotis de l'eau, bruissement du vent dans la cocoteraie... Je ne sais pas ce qu'est exactement le bonheur mais je crois l'avoir connu surtout ces moments-là.

***

Solitude à Ville-d'Avray sous la neige. Dimanche après-midi. Clémence et Olivier, leurs parents sont partis déjeuner dans leur famille. Même Mélodie est partie avec eux.

Je recherche les moments de bonheur que j'ai eus dans ma vie d'avant...

Oui, il y a eu des moments de bonheur...

Nous étions ensemble, réunis en famille, sur le haut d'une colline. On voyait au loin, dans le soir qui tombait, le village avec les maisons blotties les unes contres les autres, la fumée s'élever de quelques maisons.

On n'entendait que le vent et quelques aboiements de chien... Autre image... La pente d'une montagne... Des grands arbres. Paysage ensoleillé. La pente est raide. Fraîcheur d'une petite clairière. Le vent apaisant.

Nous étions ensemble, réunis en famille.

Bonheur.

**
*

Je ne sais plus très bien quand, mais un jour, quand nous arrivâmes à notre maison près des lagons, mon frère assis près de mon père à l'avant de la voiture se mit à hurler : « Regardez, regardez, il y a plein de monde sur la plage ! »

En effet, là où il n'y avait presque jamais personne, là où se dressaient seulement deux ou trois paillotes de pêcheurs, on pouvait maintenant voir de longs alignements de baraques en tôle. Et sur la plage il y avait une foule de soldats étrangers la plupart avec des bandages sur le corps, les jambes ou les bras, quelques-uns infirmes. D'une grande

baraque sortait une musique tonitruante. Nous restâmes
hébétés, sans voix, de longs instants.

Mon père descendit de la voiture et s'avança vers des
barbelés qui entouraient maintenant la plage.

Je le vis parlant à un soldat étranger qui était de garde
et quand il revint vers la voiture, il dit à ma mère :

« Ils ont installé un camp de repos pour les soldats
blessés. L'accès de la plage nous est maintenant interdit.
Nous pouvons toujours aller à notre maison mais il faut
maintenant passer derrière la cocoteraie... »

Puis se tournant vers nous les enfants :

« Mes pauvres chéris, vos baignades sont finies, ou alors
seulement près des rochers... »

Ce week-end à notre maison près des lagons fut le
dernier.

<center> * *</center>

Mon père dès que nous fûmes installés voulut s'enquérir
du sort des pêcheurs et surtout de celui d'un vieux pêcheur
qu'il aimait bien et avec qui il passait de longs moments
à bavarder. Je crois que mon père le respectait pour son
âge, pour sa sagesse.

Dans mon pays, quel que soit le rang social des gens,
le respect des vieilles personnes est une règle de conduite.
Mon père quand il s'adressait au vieux pêcheur lui disait
toujours « oncle » sans qu'il y ait aucun lien de parenté.
C'était simplement un signe de respect.

Il revint vers midi amenant avec lui le vieux pêcheur.
Nous avions apporté avec nous quelques provisions et ma
mère prépara un repas froid. Je n'avais pas très faim et je
regardais surtout le vieil homme dévorer. Il disait, tout en
mangeant :

« Les soldats étrangers sont arrivés il y a plus d'une
semaine. Leurs machines ont commencé à raser nos pailottes.
Ensuite ils ont confisqué nos deux barques de pêche. Ensuite ils nous ont chassés.

« Nous sommes maintenant au village un peu plus loin
à l'intérieur des terres.

« Mais notre métier, notre vie c'est la mer, la pêche.
Alors en attendant je meurs un peu plus de faim chaque
jour. Les autres pêcheurs sont partis mais je crois qu'ils ont
été enrôlés de force dans l'armée... »

C'était merveilleux et un peu poignant de voir ce vieillard manger avec autant d'appétit.

Il y eut un long moment où nous restâmes tous à le
regarder et je crois que plus personne n'avait faim.

Le vieil homme avait ajouté en s'adressant à mon père :

« Jeune frère, vous voyez ! vous n'entendez plus que
cette musique. C'est le monde moderne, la guerre... Jeune
frère, notre paradis, ce que vous appelez notre paradis car
vous venez de la ville, — et pour moi c'est simplement ma
maison, ma plage, ma mer, mon gagne-pain — notre paradis
n'existe plus. Jeune frère, vous qui êtes éduqué, pouvez-vous
m'expliquer pourquoi je ne peux pas rester sur la plage,
attendre le retour des barques, aider les jeunes pêcheurs à
trier le poisson... Pourquoi ?... »

Il avait le visage tourné vers la mer. Il devait rêver. Mon père, lui, regardait par terre.

*
* *

Le même jour, l'après-midi, alors que mon père bavardait toujours avec le vieil homme, ma mère nous amena sur les rochers séparés maintenant de la plage par un double rang de barbelés. Nous essayâmes de nous baigner mais c'était là où la mer était la plus forte...

Au bout de quelques minutes des soldats étrangers vinrent, et par-dessus les barbelés, essayèrent d'engager la conversation avec ma mère.

Ils étaient torse nu et tenaient une bouteille de bière à la main. Il y eut des rires gras, quelques gestes que je ne compris que plus tard...

Ce fut la dernière fois que je vis la mer, notre plage de sable.

*
* *

Avec l'interdiction qui vint plus tard d'aller à notre maison près des lagons disparut ma dernière « félicité ».

Alors la vie d'une petite fille de près de dix ans dans un pays en guerre devint très restreinte géographiquement.

Mon espace se limita à notre maison, à la rue pour aller à l'école, au bâtiment de l'école.

Mon univers ne fut plus que celui de ma famille.

Et en filigrane l'angoisse de la guerre qui se rapproche.

*
**

Regards noyés, regards tristes, regards vides...

Ils sont des millions et des millions, très jeunes, de toutes races. Je les vois errer dans les rues de la ville, comme des automates. Ils regardent les vitrines illuminées des magasins, les étalages chargés de fruits et de victuailles. Quelque chose les retient éloignés..., une barrière invisible. Peut-être est-ce leur pudeur ou une peur quelconque...

Je suis là, sur le bord du trottoir, au bord du sanglot et je ne peux rien pour eux.

A côté de moi, un vieux monsieur aux cheveux blancs — il ressemble étrangement à mon oncle — m'a dit :

« Tu es comme eux. Va les rejoindre... »

J'ai répondu :

« Mais qui sont-ils ? Pourquoi sont-ils si maigres ? Pourquoi ne disent-ils rien ? Pourquoi même les bébés si petits arrivent-ils à marcher si bien ? »

Il y a d'autres gens autour de nous et qui entendent notre conversation. Le vieux monsieur ne m'a pas regardée; je crois qu'il ne m'a pas entendue et il a continué :

« Va les rejoindre ! Tu es comme eux. Ce sont des réfugiés. REFUGIES, entends ce mot. Ils sont des millions, des millions. Chaque jour qui viendra augmentera encore leur nombre. Chaque guerre engendrera encore plus de réfugiés.

C'est la marque de l'avenir. C'est le futur des hommes.
De plus en plus de réfugiés, c'est inéluctable ! va les rejoindre ! »

Le vieux monsieur m'a poussée vers eux...

**
*

Je fais souvent des cauchemars depuis quelque temps...
Je tremblais et j'étais en nage quand je me suis réveillée.
Je crois cependant aux signes et aux rêves prémonitoires.

La mère de Clémence et d'Olivier m'a dit hier :

« Ama, tu n'as donc pas d'amies à l'école ? Jamais tu ne
les invites. »

Je n'ai rien répondu, j'ai simplement souri en baissant la
tête. Comment lui dire que je n'ose pas ? Déjà, je dois leur
coûter de l'argent en vivant ici, comment inviterais-je
des amies ?

Je n'ose même pas entrer dans une pièce sans avoir
frappé à la porte, ni allumer la télévision sans y avoir été
invitée, ni me servir dans le réfrigérateur...

En fait, pour ce qui est de frapper à la porte, je ne le
fais plus parce qu'ils m'ont fait remarquer plusieurs fois
que j'étais chez moi, et que cela n'était pas nécessaire. Et
je sens bien que ma gêne les blesse comme une sorte d'in·
gratitude...

Mais je ne sais pas pourquoi, je continue à faire attention avant d'entrer : ne pas les déranger, ne pas les surprendre...

IV

Noël à Ville-d'Avray. Que de bonheur dans les yeux de Clémence et d'Olivier. Leur mère s'est faite belle, long cheveux tombant sur ses épaules, jupe longue qui élance sa silhouette. Pour une fois leur père est rentré tôt de son travail. Il chantonne en préparant le feu dans la cheminée. Clémence a aidé sa mère à préparer la table, à décorer le sapin. Elle a collé sur les vitres des fenêtres, sur la hotte de la cheminée des étoiles d'argent, des guirlandes. Ils ont mis la crèche, déposé les santons, des miniatures d'animaux, le petit Jésus, la Vierge Marie, Saint Joseph. Clémence me dit :

« Tu vois tous les ans, on les sort de la boîte. Et tu sais, ils viennent de ma mère ! »

Il y a une douce musique infiniment linéaire, un peu triste... Les notes s'enchaînent inéluctables...

On m'a dit que c'est le « Canon à trois voix sur une basse obstinée » de Pachelbel.

Je ne me suis jamais sentie si seule, si en dehors : j'aurais voulu être ailleurs pour ne pas déranger tant d'harmonie et de bonheur.

Noël à Ville-d'Avray. La neige entoure la maison. Il gèle. Clémence vient de mettre un autre disque. Il est question « d'enfants qui s'aiment, en Espagne, en Bohême... d'une chanson qui ressemble au soleil pour que l'on puisse l'entendre jusqu'en Irlande... et qu'il fasse renaître au milieu des cendres le printemps et la vie... ».

Noël à Ville-d'Avray... Que vous êtes loin ceux que j'aime... Que tu es loin ma sœur et que fais-tu ce soir dans le quatorzième arrondissement ?...

Ce soir je me sens mère. Je te revois, ma sœur, je revois tes grands yeux toujours interrogateurs. J'entends à nouveau ton rire si étrange... Tu mettais toute ta force dans ton rire comme si tu voulais donner la joie aux autres... Je me rappelle que plus fragile, plus petite, tu voulais, quand tu étais heureuse, me porter comme si tu tentais de conjurer par ce geste, un mauvais sort. Et toi mon frère, mon petit frère, le dernier-né... Tu plissais ton nez et tu souriais et tu montrais tes deux premières dents... Tu me tendais tes petits bras pour que je te prenne.

Et toi mon autre frère, si turbulent, si plein de vie... Tu imitais déjà notre père, mettant tes mains dans les poches, hochant la tête, sérieux comme un pape...

Où êtes-vous ce soir ?

Les jours s'écoulent à Ville-d'Avray, glissent sur moi, sur ma solitude, bercent ma recherche des souvenirs du temps d'« avant ». Une image, un bruit et on essaie de se raccrocher à quelque chose, de remonter le cours du temps.

Quelquefois on arrive à une impasse. D'autres fois les souvenirs reviennent, vous assaillent...

**

Vision d'un laurier sur un balcon. Le laurier est jeune et il va bientôt porter ses fleurs.

Puis tout s'arrête... Je ne sais plus, j'ai beau chercher, je n'arrive pas. Blocage.

Je n'ai jamais vu de lauriers en fleurs sur un balcon... Un volet claque. Bruit sec comme un coup de fouet, comme la détonation d'une balle...

Et tout à coup l'esprit accroche quelque chose. Les bruits se répètent. Ce sont des coups de feu...

Il y avait un sac en jute et un homme à l'intérieur du sac, sur la place du village.

D'autres hommes entouraient la place tenant à distance les villageois.

Un homme en noir arriva. Il parla longuement, des phrases dont je n'ai plus aucun souvenir.

Puis il sortit un revolver et tira sur le sac, calmement en espaçant les coups.

Le sac tressauta, dansa puis tomba.

La seule phrase que j'ai pu retenir dans ma tête avec les claquements secs des coups de feu :

« La danse du sac est promise à tous les ennemis du peuple. »

Quel ennemi ? Quel peuple ? Dans quel endroit cela eut-il lieu ? Je ne me rappelle plus.

Escamotage.

Je voudrais seulement chasser à jamais ces bruits de la mémoire.

**

Oui ! gommer de ma mémoire certaines choses.

Comme cette pancarte que l'on voit à l'entrée des camps de réfugiés :

— 6 litres d'eau par jour et par personne.

— 7,5 kg de riz pour 3 jours et 6 personnes.

— 3 kg de poisson séché pour 3 jours et 20 personnes.

— 1 kg de viande pour 3 jours et 20 personnes.

Maintenant encore, il m'arrive de voir ces chiffres danser dans ma tête.

Maintenant que je vis dans l'atmosphère confortable de Ville-d'Avray, que j'ai réappris certaines choses, je m'aperçois que dans les camps de réfugiés, il n'est jamais question de légumes ni de fruits...

J'essaie d'oublier mais quand les yeux ont vu certaines choses, il est impossible de les leur enlever.

Et pourtant je voudrais tant...

J'ai lu le désespoir résigné chez tant de gens.

J'ai vu leurs corps squelettiques, leur sang si clair qu'on dirait une eau teintée rose...

J'ai vu les ventres gonflés des enfants mourant de faim.

J'ai vu des mères avec de jeunes bébés dans les bras et qui paraissaient comme des vieilles femmes.

J'ai longuement regardé une fois, tout en veillant sur lui, un enfant sans aucune étincelle de vie, les yeux ouverts et qui n'arrive plus à bouger.

Je n'oublierai pas que là-bas, dans les camps, les enfants ne courent plus, ne sourient plus, qu'ils sont en haillons et presque nus.

Je n'oublierai jamais.

*
**

Je n'oublierai jamais certaines choses vues ou vécues, il y a peu de temps en fait, là-bas dans les camps de réfugiés près de la frontière en Thaïlande.

Je n'oublierai pas la peur des gens, ma peur, quand on entend les obus s'abattre en sifflant...

Alors à nouveau, en colonnes misérables, les corps flasques et tremblants, un maigre baluchon sur l'épaule ou simplement une casserole à la main, les yeux fiévreux de paludisme ou de peur, les réfugiés s'enfuient.

Quand les obus se rapprochent, ils se terrent dans le peu de broussaille qui existe, pleurent doucement en regardant leurs enfants sangloter...

Quelquefois, ils tombent dans le nuage soulevé par
l'obus. Ils s'affalent en gémissant et leur dernier geste est
la main tendue vers un survivant.

J'ai entendu des heures et des heures une vieille femme
— était-elle réellement vieille ? — redire, comme un disque
rayé la même phrase : « Sur six enfants, il ne m'en reste
qu'un ! »

Et l'enfant qu'elle tenait était en fait mort depuis
quelque temps.

Bien des mots de médecine me sont maintenant fami-
liers. Tuberculose, diarrhée, amibiase.

Je pense encore être capable de ne pas manger pendant
deux ou trois jours et de marcher.

Je connais bien les racines de certaines plantes que l'on
peut mâcher pour tenir.

La seule chose que je ne voudrais plus jamais revivre...
c'est de voir et d'entendre la guerre.

J'ai peur d'avoir peur.

*
**

Toute cette période « d'avant », avant que la guerre
n'entrât dans la ville, avant l'arrivée des « hommes en
noir » dans la ville, toute cette période fut pour moi remplie
d'étrangetés... Le soleil se levait amenant un ciel bleu, tout
doux, tout pur et on se disait que c'était un nouveau départ
et on avait envie, sans aucune raison, de remercier le ciel...
On espérait que cet état de grâce durerait toute la journée.

Puis tout à coup des petites choses survinrent qui ame-
naient avec elles l'angoisse et la peur, qui faisaient vous
recroqueviller en vous-même et voiler votre regard...

La petite amie que l'on retrouve à l'école a aujour-
d'hui les yeux rougis. Elle est habillée de blanc, portant
une coiffe blanche... Signe de deuil. Son père ou son cousin,
je ne sais plus, vient d'être tué à la guerre...

A dix, onze ans, on sent confusément certaines choses,
on voudrait dire certaines choses mais les paroles sortent
mal, souvent maladroites... Alors tout ce que l'on fait c'est
de s'asseoir à côté de son amie, de regarder par terre... Et
de pleurer avec elle.

Il y avait aussi les événements absurdes et effrayants...

Au son des tambourins, un long convoi funèbre, long
non pas par la foule des parents et amis, mais uniquement
par le nombre de fourgons portant les cercueils.

C'était toute une famille, les grands-parents, les parents,
et les sept enfants, tous exécutés une nuit... Par qui, pourquoi ?

Est-ce que cela a de l'importance maintenant ?...

Je me rappelle seulement la taille des cercueils qui
s'amenuisait au fur et à mesure que le convoi passait devant
moi. Le dernier cercueil avait presque les dimensions d'un
grand cartable d'écolier...

Mon Dieu, tu es Dieu... Pourquoi tout cela arrive-t-il ?

*
**

Il fait très froid ce soir à Ville-d'Avray. Clémence m'a

dit : « Sais-tu qu'il fait presque — 5° ! Tu n'as jamais dû avoir cela ma pauvre Ama ! »

C'est vrai que je grelotte et je ne suis pas encore habituée à de telles températures.

Dans mon pays, au plus froid de l'hiver, le thermomètre ne descend jamais au-dessous de + 5°.

Et quand cela arrivait, c'était dans notre famille, presque une fête.

C'était si rare de pouvoir mettre un pull-over ! Ma mère les sortait d'une malle et ils sentaient une bonne odeur de naphtaline. La laine, un peu rêche me grattait le cou.

Avec mon frère et ma sœur, nous nous amusions à faire de la buée sur les vitres des fenêtres et ensuite à y dessiner toutes sortes de choses.

C'était aussi l'occasion pour toute la famille de rester ensemble un peu plus longtemps le soir après le dîner. Ma mère mettait un petit brasero sur la table, et le repas était surtout à base de coquillages.

Chacun de nous avait son petit tas et chacun faisait griller son coquillage à sa façon... Très ouvert, à moitié ouvert, à peine ouvert.

Mon père disait :

« C'est beaucoup mieux, à peine ouvert. Et il faut boire toute l'eau qui est à l'intérieur. C'est bon pour la santé ! »

Et ma mère nous surveillait; de temps en temps, elle reniflait un coquillage, le jetait ou nous le donnait.

Nous étions bien. Nous étions heureux.

**
*

Ainsi fut cette période « d'avant ». Alternance des joies et des angoisses.

Ainsi est probablement la vie. Alternance d'amour et de peines. Et souvent, après, on se rappelle quelques-uns de ses actes et on se dit : « Je n'aurai pas dû... »

Un jour avec toutes mes économies je m'étais dit que je ferais des cadeaux à mes deux frères et à ma sœur.

Comme chez nous, on ne fête ni les Saints, ni les anniversaires, j'avais décidé de leur faire une surprise à tous.

Au bazar du coin de la rue, j'avais trouvé pour mon premier frère un couteau suisse avec plein de lames, pour le nouveau-né un petit mouchoir colorié avec un grand canard jaune; et comme il ne me restait plus assez d'argent, j'avais pris des gâteaux pour ma petite sœur qui, j'en étais certaine, en donnerait à tout le monde.

Nous étions en train de faire notre fête quand la vieille dame, notre servante, qui aidait ma mère surtout pour la cuisine, aperçut les cadeaux que j'avais choisis.

Je la vis pâlir. Elle me dit :

« Il ne faut jamais donner de couteau ! Le couteau coupe la vie ! Il ne faut jamais donner de mouchoir, c'est signe d'adieu ! »

Elle prit les cadeaux, psalmodia quelque chose et cracha en l'air, — probablement pour conjurer le sort.

C'était une femme de la campagne, très superstitieuse et ce jour-là, je n'y pris pas garde. J'oubliai même très vite l'incident...

Ce n'est que maintenant que je me dis : « Peut-être je n'aurai pas dû faire ces cadeaux... »

Que peut-on faire à dix, onze ans quand on voit la guerre, quand on entend la guerre, quand on subit des événements absurdes, effrayants...

Et quand on n'a rien, quand on n'a que la prière pour ne pas avoir peur...

On se sait innocent, on n'est pour rien dans tout cela.

Alors on prie et on attend.

V

La neige a fondu à Ville-d'Avray et aujourd'hui il a
fait beau. Un beau soleil, et on voit les premiers bourgeons
sur les arbres. Je suis allée vers la maman de Clémence et
Olivier et j'ai dit : « Pardonnez-moi pour ma dernière fugue.
Je vous ai fait de la peine, mais j'avais envie de revoir
ma petite sœur. Je vais vous offrir un beau conte pour vous
montrer que j'apprends bien le français. »

J'aurais voulu lui faire un cadeau, mais je n'ai pas beaucoup d'argent. J'aurais voulu lui cueillir des fleurs, comme
je le faisais pour ma mère quand nous étions chez nous, dans
notre jardin où il y avait des fleurs toute l'année. Mais il
paraît que les fleurs viendront tard cette année.

Elle m'embrassa, alla chercher quelques feuilles de papier à lettre, d'une belle couleur vert pâle et me les donna.

Le soir, après le repas, le papa de Clémence et Olivier a fait un grand feu dans la cheminée.

C'est à ce moment-là que j'ai remis mon cadeau en disant : « C'est pour vous Madame. C'est aussi pour vous Monsieur. »

Clémence et Olivier ont battu des mains en demandant ce que c'était et leur papa a parlé; il a une belle voix, un peu basse : « C'est Ama qui nous a fait un beau cadeau; il paraît que c'est un conte pour enfants. Ama me permets-tu de le lire à tout le monde ? »

Le feu dansait dans la cheminée. Pour une fois je me suis sentie bien et j'ai dit oui.

⁂

La voix du papa de Clémence et Olivier est toute douce : « C'était l'un des tout premiers jours du printemps; le soleil, encore timide, s'amusait comme un fou à cache-cache avec les nuages qui prenaient un malin plaisir à passer et repasser devant lui tout en se pourchassant les uns les autres. Les feuilles dans les bourgeons étouffaient, se lamentaient, l'une chuchotant à l'autre « Oh, là, là, que cette robe me serre, que j'ai hâte de la quitter pour enfin m'ouvrir, me défroisser et grandir ! »

Les jours suivants le soleil brilla tant et tant que tous les bourgeons éclatèrent tels des petits poussins sortant de leur coquille et laissèrent s'échapper de tout petits bouts de feuilles vertes recroquevillées; les pâquerettes et les coucous tachetaient les prairies de blanc et jaune; les cris et les rires des enfants résonnaient dans les cours et les jardins; Ah ! Comme ils étaient heureux de pouvoir enfin jouer dehors après le froid de l'hiver qui les obligeait à rester à la maison !

Tous les enfants riaient, toute la nature éclatait de renouveau, bref tout était gai sauf... sauf... une minuscule feuille de cerisier qui, très triste, pleurait bruyamment à chaudes larmes. Elle était seule au bout d'une branche et gémissait auprès de ses sœurs, les autres feuilles : « Pourquoi aspirez-vous toute la sève de cette branche ? Moi qui suis à l'extrémité, il ne me reste plus rien à boire. J'ai faim, j'ai soif, je suis encore toute chétive et toute pâle, jamais je ne pourrai grandir et devenir bien verte comme vous ! »

Mais les autres feuilles ne l'écoutaient pas et la petite feuille était de plus en plus triste quand tout à coup surgit une mésange qui se posa près d'elle :

« Qu'as-tu donc petite feuille ? Tu as l'air très malheureuse, je voudrais te consoler et t'aider. »

La petite feuille expliqua alors à l'oiseau ce qui la chagrinait; la mésange réfléchit quelques minutes et déclara : « J'ai une excellente idée, je vais t'emporter avec moi, je te tiendrai avec mes pattes ou avec mon bec et ensemble nous ferons des voyages extraordinaires. »

« Oh ! », s'écria la petite feuille, « détache-moi vite de cette maudite branche, prends-moi dans ton bec ! Surtout tire tout doucement afin de ne pas me déchirer et me faire mal ! »

Et l'oiseau d'obéir aussitôt à la petite feuille qui se trouva alors libérée, mais l'arbre, son papa, était malheureux :

« Pourquoi nous quittes-tu ? Je n'aime pas perdre mes feuilles avant l'automne, tu ne devrais pas te sauver ainsi et partir à l'aventure... »

Mais la petite feuille n'écoutait plus son papa, toute à son bonheur de pouvoir s'envoler avec un si bel oiseau; la mésange aussi était contente d'avoir trouvé une si gentille petite amie qui lui servirait tantôt d'ombrelle quand le soleil brillerait trop fort, tantôt de parapluie et avec laquelle elle pourrait bavarder.

La mésange monta haut dans le ciel tenant dans son bec la petite feuille qui avait un peu le vertige.

Nos deux petites amies quittèrent bientôt la ville et survolèrent la campagne. « Que d'arbres, que de feuilles, que de prés ! » s'exclamait la petite feuille qui n'en croyait pas ses yeux.

La mésange alla tout d'abord rendre visite à ses parents et à ses petits frères et sœurs qui avaient tous établi leurs nids dans une épaisse forêt résonnant de maints chants d'oiseaux; c'était le soir et la petite feuille mourait de soif et de fatigue, aussi la mésange la prit-elle et la trempa quelques minutes dans l'eau fraîche d'un ruisseau; la petite feuille s'endormit aussitôt, toute blottie contre sa nouvelle amie.

Le lendemain, elles repartirent plus loin. La petite feuille était de plus en plus émerveillée : « Jamais je n'aurais cru que la campagne pût être aussi belle; les arbres ici sont heureux, entourés d'oiseaux si bavards, de fleurs et d'animaux; quel dommage que mon père habite la ville... »

Les mois se succédèrent, tous aussi joyeux les uns que les autres; le printemps s'écoula, puis l'été, et l'automne arriva : le vent devenait froid, le matin s'enroulait dans une cape de brouillard, la pluie tombait plus souvent, les feuilles des arbres s'empourpraient...

C'est alors qu'un soir, la mésange éclata en sanglots à la grande surprise de la petite feuille à qui elle avoua : « Petite feuille, je suis triste, très triste, car nous devons nous séparer ; vois-tu, chaque automne, tous les oiseaux se rassemblent et vont très loin au bord de la mer où il fait chaud, c'est ce que nous appelons émigrer ; en effet, nous ne pouvons rester ici parce que l'hiver est trop froid pour nous qui sommes si frileux et parce qu'en hiver aussi il n'y a plus de graines à picorer ; alors, nous serions tous affamés et malades... »

C'est comme cela que la mésange partit et la petite feuille se retrouva seule, au pied d'un arbre qui n'était pas le sien. La neige bientôt la recouvrit. »

Le feu dansait toujours dans la cheminée. Tout le monde m'a embrassée mais Clémence m'a dit :

« La fin est trop triste. Dis Ama, change la fin, fais quelque chose de plus gai. Pour moi. »

Quand nous sommes allés au lit, je n'ai pas pu dormir tout de suite.

J'aime bien la fin du petit conte que j'ai écrit. Je la vois bien la petite feuille, qui ne peut plus rien faire, que de se laisser recouvrir par la neige et de mourir.

Mais j'aime bien Clémence aussi. Alors je me suis levée et je lui ai mis ceci sur sa table de nuit :

« La petite feuille pleura très fort et demanda à la mésange : « Avant de nous séparer, j'aimerais beaucoup que tu me ramènes à mon père qui doit fort s'inquiéter... » Très tôt le lendemain elles s'envolèrent vers la ville et le soir même la petite feuille était de retour auprès de son père qui ne la reconnut point tant elle avait grandi. La petite feuille raconta alors tout ce qu'elle avait fait, tout ce qu'elle avait vu ; son papa était émerveillé par son récit et très fier aussi. Le petit garçon de la maison auquel appartenait le cerisier proposa à la mésange : « Si tu veux, je t'offre une cage, tu passeras l'hiver avec moi, tu n'auras ni froid, ni faim. » « Tu es bien gentil, répondit la mésange, mais je ne puis accepter de vivre en cage, j'ai besoin de liberté, de vent, d'air, de forêts et, enfermée, je souffrirais trop et m'ennuierais beaucoup des autres oiseaux. »

L'oiseau déposa alors la feuille au pied du cerisier parmi les feuilles déjà tombées : « Au revoir gentille petite feuille, à l'année prochaine ! Je te promets, au printemps, lorsque nous reviendrons, de venir faire mon nid dans ton arbre ! Au revoir petite feuille ! Au printemps prochain. »

Il fait trop froid. J'ai trop froid.
Et j'attends le printemps.

C'était au printemps il y a quelques années, que survinrent les premiers événements qui marquèrent le début de
mon long voyage... On entendait maintenant tous les jours,
presque sans arrêt, même la nuit, surtout la nuit, les bruits
de la guerre, qui se rapprochait.

Cela était si continu que l'on se surprenait à guetter le
silence. Le plus dur pour moi était le regard apeuré de mon
plus jeune frère, les yeux grand ouverts... Quand je le portais,
je sentais sous ma main son petit cœur battre très fort.

Il ne pleurait pas. Mais ses yeux semblaient vouloir dire :
« Je ne comprends pas... Que veulent dire ces bruits ? »

Puis tout arriva assez vite.

La guerre entra dans la ville.

Il devait être à peu près midi.

La ville vibrait, bourdonnante sous le soleil comme si
elle voulait prendre une revanche sur les heures de couvre-
feu de la nuit.

La ville exhalait ses odeurs, effluves d'épices, relents de
cuisine et de sueur des hommes, parfums violents des feuilles
dans la chaleur de l'été.

Elle criait aussi de mille bruits indéfinissables, les bruits
d'une ville.

Et puis comme cela arrive souvent en période de mous-
sons, on sentit venir l'orage.

De gros nuages gris plomb couvrirent rapidement le ciel...

Je me rappelle être montée ce jour-là sur la terrasse de notre maison — comme je le faisais d'ailleurs souvent avant chaque orage — pour profiter des bourrasques de vent et avoir un peu de fraîcheur.

De notre terrasse on pouvait voir la place centrale de la ville, là où il y avait un kiosque à musique, en face du théâtre municipal.

Ce jour-là, je vis quelque chose que je ne compris pas tout de suite.

Au loin dans le ciel roulaient de grosses nuées orageuses. Le vent commença à se lever, amenant de gros tourbillons de poussière sur la grande place de la ville, où se trouvait une foule dense.

Tout à coup, une longue plainte s'éleva de la foule, roula sur la place, déferla dans les rues voisines. Ce n'était pas un chant de mort, encore moins des pleurs, seulement un cri continu : il y avait quelque chose d'horrible dans cette longue plainte, de cette horreur qui attire.

Malgré l'orage qui menaçait, des gens arrivaient de partout pour s'engouffrer sur la grande place. Une vague suivait l'autre pour venir mourir dans cette immense enceinte, autour d'un cercle fermé par une cinquantaine d'hommes en prière.

La plainte s'amplifia...

Au milieu des hommes en prière, j'avais distingué vaguement une forme humaine assise en tailleur habillée de couleur jaune safran. Je devinai que c'était un bonze et me

fis la réflexion : « C'est curieux. En général les prières se
font dans les pagodes... »

Tout à coup, il y eut une longue flamme sur son corps,
puis d'autres flammes. Elles déchiraient le corps, bondis-
saient vers le ciel, disparaissaient, mais d'autres naissaient...
Assis, le buste droit, il devait prier mais ce que j'entendais
seulement était cette longue plainte de la foule.

Puis tout alla très vite, le corps bascula et les flammes
s'éteignirent.

La plainte de la foule devint un cri aigu ou étaient-ce
les sirènes des voitures de police ?... Je ne me rappelle plus
très bien...

J'étais restée longtemps n'osant plus regarder la place,
tournant ma tête vers le ciel.

Ma mère me surprit sous l'orage mais ne vit pas mes
larmes mêlées à la pluie qui tombait en bourrasques.

Elle s'aperçut seulement que je tremblais.

La mère de Clémence et d'Olivier m'a dit un jour en
me donnant un article de journal :

« Tiens Ama, c'est un vieil article que j'ai retrouvé et
qui décrit la prise de la ville où tu vivais. Je ne sais pas si
cela s'est passé comme le journaliste le décrit... Un jour
peut-être pourras-tu nous en parler... »

J'ai lu cet article plusieurs fois :

« Il ne pleut plus mais le vent est devenu plus violent et des nuages de poussière couvrent maintenant la ville, les lumières éclairant les beaux quartiers s'éteignent une à une et dans le noir, sous la poussière, la ville redevient uniforme, égale. Il n'y a plus d'ordre, de hiérarchie, sinon des hommes qui ont peur et d'autres dont les haines ont été longtemps refoulées, qui réclament maintenant leur vengeance.

Il n'y a plus de puissants, ni de faibles, sinon des bêtes traquées et des chasseurs féroces. La ville paie maintenant un lourd tribut pour son ère d'opulence, ses injustices, son aveuglement, pour tout ce temps où elle a regardé la misère gangrener autour d'elle mais sans la voir.

La ville voit maintenant ces hordes de parias, cette cour des miracles qui l'envahit, la souille.

La ville sent maintenant les flammes qui la lèchent, la meurtrissent, la décomposent.

La ville vit maintenant la révolution.

C'est donc cela la révolution, un chaos infiniment triste qui engloutit innocents et assassins, une immense farandole humaine qui puise son sérieux dans le sang, le feu, l'anéantissement. La vengeance n'a même plus son caractère individuel et humain, seulement une somme d'actions incohérentes, anonymes, démentielles.

Où est la passion, la justice révolutionnaire ?

D'où viennent donc ces hommes qui s'arrogent le droit de vie sur leurs semblables ?

Qu'ont-ils donc fait ceux-là dont le sang se mêle maintenant à la poussière qui tombe sur la ville ?

C'est donc cela la révolution ?

La ville n'est plus maintenant que poussière.

L'ordre nouveau commence par le feu et le sang, le règne des vainqueurs commence par la destinée aveugle des innocents.

Les nuages de poussière tourbillonnent au-dessus de la ville. Et la ville elle-même se met en mouvement.

Il n'y a plus rien; la structure se désintègre : on ne sait plus qui commande, qui obéit, où est l'ami, où se trouve l'ennemi.

Les troupes étrangères se retirent, d'autres troupes arrivent. L'armistice, la paix future commencent dans le désordre, la haine et le sang. »

Non je ne me rappelle pas le vent, les nuages de poussière...

Je n'ai vu que peu de choses, mais qui me marquent encore...

Un certain jour d'avril, il y a quelques années, — était-ce le 30 ? était-ce à midi ? — la ville où j'habitais avec mes parents se rendait aux hommes en noir.

Une autre vie commençait...

Je ne le sus que plus tard... C'est probablement à cette
période que commença mon « pendant ».

⁂

Très vite la nouvelle vie commença avec beaucoup
d'interdictions. Interdiction de sortir de la ville, de diffuser
de la musique « rétrograde d'avant » dans les lieux publics,
de porter certains vêtements trop voyants...

Ma mère nous disait :

« Mettez vos vieux vêtements... Il ne faut pas que l'on
nous prenne pour des gens riches... »

Elle-même, si belle, s'enlaidissait en portant de vieilles
tuniques. Elle se sépara de la domestique qui pourtant
aurait voulu rester...

Des hommes en noir apparurent dans tous les quartiers.
Ils étaient tous armés. C'était ce qu'on appelait les comités
populaires de quartier.

Il n'y avait plus d'école et mon père n'allait que de
temps en temps à l'université.

Une vie d'angoisse feutrée s'installait dans la ville, qui
devenait elle-même silencieuse.

Pourtant c'était le même soleil, les mêmes senteurs
d'arbres et de fleurs... Mais la ville ne vivait plus, attendant
je ne sais quoi...

VI

La dernière fois que j'ai vu mon père, il faisait nuit noire et les bruits de la guerre étaient tout autour de nous...

Depuis quelque temps déjà, mon père et ma mère, souvent, se parlaient à voix basse, et quand ils le faisaient, ils nous éloignaient, nous demandant d'aller jouer dans le jardin ou sur le trottoir devant la maison.

Il m'arrivait parfois de renâcler ou de faire la sourde oreille, tout simplement pour rester près d'eux.

Une fois, un peu froidement, il m'avait dit :

« Tu es grande, tu es l'aînée, alors tu dois t'occuper de tes deux frères et de ta sœur. »

Il avait les yeux un peu mélancoliques en me parlant; pourtant, je me rappelle bien, je n'avais jamais été vraiment méchante avec mon père.

Alors, devant son air triste et sa voix un peu basse, je prenais mes frères et sœur et j'allais jouer avec eux, dehors, sur le trottoir.

Les garçons jouaient à la guerre; ils se poursuivaient en faisant « pan ! pan ! » et tombaient en poussant des cris.

Mais au coin de la rue, il y avait toujours un groupe d'hommes, tous habillés de noir qui portaient de longs fusils. Les hommes en noir regardèrent mes petits frères et leur crièrent : « Assez ! ». Ces hommes avaient l'air bien jeunes, mais était-ce leurs armes, ou leur habit noir, ils nous firent peur. Alors mes frères revinrent vers nous et nous restâmes assis longtemps sur le pas de la porte à les regarder.

Un jour, ils avaient forcé la porte de la maison du coin de la rue. C'était une belle villa avec des murs croulant sous les fleurs de bougainvilliers. Couleur mauve. J'ai toujours aimé le mauve, surtout les bougainvilliers mauves mais il n'y en a pas ici à Ville-d'Avray.

Ils avaient tiré sur la porte, tiré sur les fenêtres, tiré partout, faisant tomber les fleurs du mur. Un homme était sorti de la villa. Mon père le connaissait; il parait que c'était un grand banquier mais je n'ai jamais très bien su ce qu'il faisait.

L'homme avait crié : « Arrêtez ! Arrêtez ! mes enfants sont dans maison ! »

Les jeunes gens en noir avaient continué à tirer et l'homme était tombé. Parmi les bougainvilliers mauves.

Quand ma mère me demanda plus tard d'aller faire une course, en passant devant la villa, je vis l'homme toujours étendu sur le trottoir. Les bougainvilliers tombés par terre avaient pris une drôle de couleur. Sur la porte, il y avait un écriteau avec des lettres noires : « Un exemple. »

*
* *

Depuis quelque temps déjà, mon père n'allait plus, comme il le faisait avant, tous les jours, enseigner à l'université. J'aimais bien quand il nous racontait sa journée de travail, ou quand il ramenait à la maison quelques-uns de ses étudiants. Ils avaient des discussions animées. Je leur servais du thé préparé par ma mère et souvent, je m'asseyais ensuite à côté de mon père, et bien sûr, je ne comprenais pas grand-chose à ce qu'ils disaient, mais j'étais fière, heureuse, car mon père parlait et les jeunes gens écoutaient.

Quand je lui ai posé la question un jour : « Pourquoi les jeunes ne viennent plus chez nous ? » il a détourné la tête et comme j'insistais il me répondit doucement, comme il savait si bien le faire : « Ils sont dans la rue. Tu en vois, ma chérie, même devant chez nous. Ils sont en armes et les armes et les livres ne vont pas ensemble... »

Puis il me prit la main, me fit asseoir devant lui, et je sus cette fois-là qu'il avait quelque chose d'important à me dire : « Tu vois, je ne vais plus enseigner. Car l'université

est fermée. Puis tu sais je suis un peu vieux, alors on n'a plus
besoin de moi. D'autres professeurs sont venus et enseigne-
ront des choses que je ne connais pas. C'est un autre monde
qui va s'installer. Même mes anciens étudiants sont contre
moi. Alors un jour, nous partirons, nous partirons loin d'ici.
Mais chut ! c'est un secret. Tu sais garder un secret n'est-ce
pas ? »

Je lui ai pris la main et l'ai embrassée. C'était ma manière
de lui dire oui.

Ma mère était venue sur ces entrefaites et nous avait
longuement regardés. Ses yeux brillaient un peu, et elle avait
les larmes aux yeux pour nous embrasser tous les deux.

*
**

Un après-midi, la police était arrivée chez nous. En fait,
ce fut ma mère qui me dit plus tard que c'était la police,
car les deux hommes qui firent irruption dans la grande
pièce qui nous servait de salon, étaient simplement vêtus
de noir, comme les soldats qu'on voyait dans la rue.

Ma mère nous fit sortir dans le jardin et nous dit de
jouer sans faire de bruit.

Mes deux frères et ma petite sœur, je me le rappelle,
s'étaient mis au fond du jardin là où il y a une grande haie
de jasmin. Tout de suite les voilà qui s'affairent sur leurs
jouets, en fait des morceaux de bois, des couvercles de boîtes,
des ficelles. De temps en temps, la brise jouant dans les
feuillages de la haie, un rayon de soleil venait les effleu-

rer ; alors ils se regardaient et un sourire complice éclairait,
l'espace d'un instant, leur visage. Ils jouaient en silence, avec
application, faisant passer une ficelle dans les différentes
encoches d'un bâton, tout leur univers semblait être ce bout
de bois et ce fil qui montait, parfois retombait, mais qu'inlassablement ils remettaient en place...

C'est triste des enfants qui sont obligés de jouer en
silence. Le sourire des yeux, la sonorité des rires, c'est comme
cela que je ressens l'enfance.

De ma petite sœur, avec son visage éclatant de fossettes
quand elle sourit, je ne me rappelle plus ce jour-là, qu'un
visage mangé par de grands yeux interrogateurs.

Angoisse de l'innocence...

Je n'avais pas pu résister à la curiosité et j'étais passée
derrière la maison pour entrer dans la cuisine et essayer
d'écouter ce qui se disait.

Un des hommes avait une voix froide, presque métallique : « Le peuple désapprouve... »

Je ne me rappelle plus très bien la suite...

Cela fait si longtemps... En fait, si ! je me souviens de
quelques mots « Bourgeois décadents... rééducation... clémence du peuple... », mots dont je ne comprends toujours
pas le sens. A un moment ma mère sortit dans le jardin et
m'appela. Comme j'arrivais de la cuisine, elle comprit que
j'avais certainement écouté la conversation.

Elle eut un accès de colère :

« Ama, je t'ai déjà dit... » Je savais bien ce qu'elle
allait dire : « Quand je te dis de rester dans la cour, il
faut obéir. Il faut que tu surveilles tes frères et ta sœur...

C'est très vilain d'écouter aux portes... » Mais ce jour-là elle
ne me dit rien de tout cela. Elle s'était reprise très vite, pour
murmurer presque, pour que mes frères et ma sœur ne
l'entendent pas : « Ama... je vais accompagner ton père à
la police. Il doit faire une déposition. Nous risquons de
rentrer tard... Tu vas faire manger... »

Elle n'eut pas le temps de terminer ses recommanda-
tions. Mon père sortit de la maison presque entraîné par les
deux hommes. L'un d'entre eux tenait le poste de radio por-
tatif rapporté par un de ses amis lors d'un voyage au Japon;
il avait également le casque d'écoute qui permettait à mon
père d'écouter la radio sans nous gêner. Il riait : « Et ça,
tu ne crois pas que c'est un poste de radio-émetteur-
récepteur ? »

Le père de Clémence et Olivier m'a expliqué depuis ce
que cela voulait dire. Il m'a également dit ce que signifiait
les bandes de papier que j'avais trouvées collées sur la bibliothèque de mon père : c'est, paraît-il, des scellés et l'on voulait contrôler les lectures de mon père.

Il devait être quatre heures de l'après-midi quand ils
ont emmené mon père. Ils n'avaient pas voulu que ma mère
montât dans la voiture. Alors elle avait couru derrière.
Nous avions attendu longtemps. Je ne savais que faire.
Nous étions tous les quatre dans le salon, prostrés. A un
moment le plus âgé de mes frères se mit à pleurer et

entre deux hoquets criait : « Papa ! Maman ! Pourquoi n'ar-
rive-t-elle pas Ama ? Pourquoi les messieurs ont bousculé
papa tout à l'heure ? Ama, j'ai faim... »

« J'ai faim. » Je crois que c'était la première fois que
j'entendais ce mot avec autant d'angoisse. Le soir tombait,
ma mère n'était pas là, et je me sentais responsable. Bien
sûr, par la suite, j'entendis souvent ces deux mots... «j'ai
faim» et j'arrivais même à les entendre en regardant sim·
plement les yeux des gens, surtout ceux des enfants.

Cette fois-là, tout en guettant le bruit d'une voiture,
le grincement de la porte d'entrée, je réfléchissais et dans
la pénombre je pris la main de mon petit frère et ne sus
que lui dire tout bas :

« Allons petit frère, ne pleure plus... » et puis plus fort
pour me donner du courage, je m'écriais comme dans un
jeu pour tout le monde : « Venez, on va tous aller dans le
jardin. Maman et papa vont revenir bientôt et vous verrez,
elle nous appellera pour le dîner comme d'habitude ! »

En effet, souvent avant le dîner quand nous jouions, les
enfants, dans le jardin, ma mère nous appelait à la cuisine
en soufflant dans un appeau. C'était une chose que mon
père avait toujours dans sa poche pour nos promenades à
la campagne. Il disait : « Vous allez voir venir les canards
sauvages. Plein le ciel ! »

En fait nous n'avions jamais vu grand-chose, mais ma
mère, par malice, peut-être un peu pour se moquer de lui,
s'en servait pour nous appeler pour les repas, et elle lui disait
quand nous arrivions en courant : « Les voilà tes canards
sauvages ! » Elle aussi avait l'habitude, car nous traînions

toujours un peu, d'arriver dans le jardin et sa grande joie
était de faire semblant de se laisser surprendre par mon
frère et ma sœur qui se cachaient dans la haie et qui pous-
saient un grand cri pour essayer de l'effrayer.

Et c'étaient à chaque fois des rires aux éclats pour tous,
mais surtout pour nous, à cause de ce jeu dont nous étions
un peu les meneurs; je me rappelle les yeux brillants de joie
de ma mère.

Ce soir-là, nous sortîmes dans le jardin et mon dernier
frère suivait mal à l'aise sur ses petites jambes. Lui aussi avait
pleuré et il avait les yeux encore rougis, la tête ébouriffée; il ne
devait plus se rappeler très bien le pourquoi des choses, mais
ce qu'il savait, ce dont il était sûr, c'était que ma mère le cajo-
lait toujours après ses pleurs. Et j'eus la certitude ce soir-là
qu'il attendait les caresses et les paroles de ma mère. Alors je
l'avais pris dans mes bras et je lui avait dis : « Ce soir c'est
moi la maman... Je vais vous faire le repas. Après on se lavera
et nous attendrons nos parents en pyjama. Comme cela ils
seront contents de nous quand ils rentreront. »

J'avais allumé les deux lampes à huile de la salle à
manger, en fait des assiettes creuses avec de l'huile et dans
lesquelles trempaient des mèches en coton.

Depuis quelque temps déjà il n'y avait plus d'électricité; nous vivions à la lueur des lampes de fortune et le réfrigérateur ne marchait plus. Avant ma mère gardait toujours les restes des repas précédents dans le réfrigérateur mais maintenant ils étaient dans le garde-manger, que mon père avait dû fabriquer : c'était une sorte de bâti en bois comme une caisse mais avec les parois faites en grillage métallique très fin. L'air passait mais pas les mouches.

Il n'y avait presque rien à manger et je me rappelais que ma mère avait décidé qu'elle ferait de telle sorte qu'on n'aurait plus de restes à la fin des repas car on ne pouvait pas les garder longtemps et par ailleurs disait-elle : « Il est de plus en plus difficile de s'approvisionner; il n'y a plus de boutiques ouvertes et les marchands ambulants se font de plus en plus rares. »

Il ne restait dans le garde-manger qu'un peu de riz froid. Je l'avais fait réchauffer dans la poêle avec un peu d'huile et j'y avais mis les trois œufs que j'avais trouvés dans le garde-manger.

Nous avons mangé à la lumière tremblotante des lampes à huile. En d'autres circonstances, faire la dînette entre nous, sans nos parents, aurait été une fête, mais ce soir-là, j'avais beau faire, essayer, je ne trouvais rien à dire à mes frères et à ma petite sœur.

Très vite, ils ne voulurent plus manger, même quand je leur proposai comme dessert quelques biscuits français — on n'en trouvait plus sur le marché — que ma mère conservait précieusement dans une boîte en fer blanc.

Ils me regardaient sans rien dire, attendant de moi des explications. Mais je ne savais rien, pas plus qu'eux, de ce que faisaient nos parents.

Une des lampes à huile s'était éteinte et à nouveau mon petit frère se mit à pleurer.

VII

Il y a toujours quelque chose de beau dans les gestes quotidiens. Ma mère avait l'habitude de nous mettre au lit, tous les quatre, à la même heure; elle portait notre dernier frère sur son dos et mon autre frère, ma sœur et moi-même nous faisions semblant de courir derrière elle, dans l'escalier, pour la rattraper. A la grande joie du plus petit qui criait : « Plus vite maman ! plus vite ! »

Ce soir, pour la première fois, ce jeu n'eut pas lieu. Nous avions attendu encore quelque temps et avant que la mèche de la dernière lampe à huile ne fût totalement consumée, j'avais mis mon petit frère sur mes épaules et je leur avais dit : « Allez, on va tous au lit. Papa et maman reviendront tout à l'heure. Allez vous deux, courez derrière moi ! »

Mais peut-être était-ce leur fatigue, était-ce le peu de joie dans ma voix, ils me suivirent sans courir. Mon dernier frère avait encore quelques sanglots.

Je les avais couchés tant bien que mal, tout en leur répétant et en essayant de me convaincre moi-même :

« Ne vous en faites pas, papa et maman reviendront tout à l'heure. Ne vous inquiétez pas... »

Ensuite, j'avais erré longuement dans la maison, dans le jardin, marchant dans le noir, ayant peur du bruit de mes propres pas, guettant le moindre bruit.

Je ne me rappelle plus combien de temps cela avait duré. Je sais simplement que mes parents me retrouvèrent endormie sur le perron. Mon père me prit dans ses bras et me porta dans mon lit. Ensuite ils descendirent et je les entendis parler dans le salon.

La voix de ma mère était lasse, tremblante :

« Raconte-moi à nouveau ce qu'ils t'ont dit, mon pauvre amour... Tiens, bois d'abord un peu de thé chaud... »

Mon père avait la même voix tranquille que celle de ses conversations avec ses étudiants, un peu lente, presque douce :

« Oh ! Tu sais, ils se sont vite rendu compte que ce n'était pas un poste émetteur-récepteur, mais simplement un poste de radio avec son casque d'écoute... Bien sûr ils m'ont accusé ensuite d'écouter les radios étrangères. Je leur ai répondu que personne jusqu'à maintenant ne m'a informé qu'il ne faut plus écouter la radio... En fait ils essaient de me faire peur et de me culpabiliser...

Tout cela est bien triste...

Tu vois ils ont réussi une chose... Je me sens faible, désarmé et sans espoir sur l'issue de notre vie ici... »

A partir de ce jour-là, mon père fut obligé d'aller tous les matins au poste de police pour, me disait-il, pointer sur une feuille de présence.

Il partait vers huit heures du matin et jusqu'à son retour, la vie dans la maison se faisait au ralenti.

Ma mère, dès qu'il partait, s'asseyait dans le jardin épluchant quelques légumes ou lavant le riz du repas de midi. Elle faisait ces choses lentement comme si elle avait peur de les terminer avant que mon père ne revînt. J'avais l'impression qu'elle faisait à chaque geste un vœu et se disait : « Je suis sûre qu'il sera rentré bientôt, avant que je n'aie fini... »

Pendant ces longues heures d'attente, nous respecions le silence de notre mère et j'essayais de l'aider en faisant jouer mes frères et ma petite sœur loin d'elle, dans le fond du jardin. Je leur racontais des histoires, inventais des jeux sans faire trop de bruit et il m'arrivait d'arrêter leurs rires en leur montrant ma mère assise plus loin.

C'était un peu comme une atmosphère de deuil.

Cela dura de longs jours et mon père, à chaque fois, revenait le dos un peu plus voûté, l'air de plus en plus sombre. Une fois, il était hors de lui et c'est une des rares fois où je l'ai entendu élever la voix :

« On me traite comme un voleur. Ils ont jeté ma carte
d'identité par terre !... » Puis comme s'il avait honte de
s'être emporté, il s'assit près d'elle, l'entoura de ses bras
et m'appela pour que je sois avec eux. Il se mit à parler
longtemps, doucement. Bien sûr je n'ai pas retenu mot pour
mot ce qu'il dit; mais je crois bien qu'il parlait surtout
pour moi :

« C'est une guerre atroce que nous vivons actuellement,
parce que c'est frère contre frère. La jeunesse est vieille, la
vieillesse déshonorée.

Tout ce qu'on entend maintenant c'est le bruit de la
guerre, le roulement du tambour, les plaintes des mères, les
cris de l'homme humilié, les pleurs des enfants réclamant
leurs parents perdus dans la tourmente...

Mais tous les jours le soleil se lève et tout renaît. Malgré
la guerre, l'homme se redresse et tente de s'accomplir. »

Puis il nous rappela nos promenades à la campagne, le
tapis vert des rizières avant la récolte, le miroir de l'eau des
rizières avant les semences, le paysan courbé sur son champ :
« Il remue le peu de terre qui lui reste, sa sueur tombant
dans les sillons; il contemplera après les germes foisonnants,
espoirs d'une possible récolte. Malgré la guerre il embrasse
ses enfants et met, dans le rapide baiser sur les lèvres de leur
mère, tout l'amour de toute une vie... »

Puis s'excusant de sa colère de tout à l'heure il prit un
air enjoué — mais j'avais senti comme des larmes dans sa
voix — pour nous dire :

« Vous voyez, quand tout marche mal, je ne me révolte
pas et je n'incrimine personne. Quand on ne me comprend

pas, j'essaie de comprendre et de me mettre à la place
de mon semblable, j'essaie de trouver des raisons à son incom-
préhension. Quand on me fait de la peine je joue sur ma
faculté d'oublier et me trouve des torts. Quand on m'injurie
je passe mon chemin en regardant le ciel, les belles choses
qui m'entourent. Tout cela est peut-être un rêve, une lâcheté
mais je me sens homme et j'y crois. »

Quelques jours après, en revenant de la police, mon
père me dit : « Ama, on m'a prévenu qu'il y a des réunions
organisées pour les enfants de douze à seize ans, tous les
après-midi près du kiosque à musique sur la grande place.
On m'a fait comprendre que tu dois y aller. Et je crois que
pour notre bien à tous, il faut que tu y ailles... Peut-être pas
tous les jours. Enfin vas-y demain, prends ta bicyclette car
c'est assez loin. Puis après tu verras et on en reparlera
ensemble. »

Je pris ma bicyclette et je m'y rendis le lendemain après-
midi. Il y avait à peu près une quinzaine d'enfants, et avec
eux, un jeune homme et une jeune fille. Ils me firent asseoir
près des autres enfants et j'essayais d'y reconnaître mes
camarades d'école. Mais tous m'étaient inconnus.

Le jeune homme et la jeune fille essayaient de nous faire
chanter, mais cela n'allait pas très bien car je crois que nous
les regardions en nous demandant ce qu'ils voulaient.

Ensuite, comme ils voyaient que nous n'étions pas très
enthousiastes pour chanter, ils nous avaient raconté une

histoire où il était question d'un jeune héros de quatorze
ans dont les parents furent tués par les bombardements de
l'ennemi. Le jeune héros s'était enrôlé dans l'armée pour
aider la patrie; il avait fait des tas d'actes héroïques et
mourut près de la place où nous étions, lors de la prise de la
ville. Cette place portera son nom et il y aura une fête à
cette occasion.

Nous avions applaudi car c'était quand même émouvant et à la fin, le jeune homme m'avait interpellée :

« Viens te mettre au milieu de nous tous. »

J'y allais. Il s'était alors adressé aux autres enfants :

« Notre camarade, bien que venant à bicyclette à la
réunion est arrivée en retard aujourd'hui. Que mérite-t-elle ? »

Les autres enfants avaient répondu dans un brouhaha
interrompu par le jeune homme qui continua :

« Elle doit se sentir fautive. Aussi l'excuserons-nous pour
cette fois... Mais elle doit partager cette bicyclette avec vous
tous. C'est cela l'amitié... »

Je sentais mes larmes prêtes à jaillir. C'était la bicyclette que m'avaient donnée mes parents pour mes douze ans.
Les autres enfants faisaient de plus en plus de bruit.

Je bondis et courus à perdre haleine pour rentrer chez
nous. En arrivant, tout ce que je pus dire entre mes sanglots
était qu'ils m'avaient confisqué ma bicyclette. Mon père
m'avait prise dans ses bras et m'avait dit :

« Ne t'inquiète pas Ama. J'essaierai de la récupérer. Et
puis quoi qu'il arrive, tu ne retourneras plus à ces réunions... »

*
**

Depuis quelques jours, les hommes en noir s'étaient postés devant notre maison. Et mon père ne sortait même plus dans le jardin. Pourtant il aimait bien le soir, marcher dans les allées du jardin. Il allait toujours du perron vers la haie de jasmin, au fond du jardin, cueillait une fleur qu'il gardait dans sa paume puis marchait vers les citronniers et les mandariniers qui étaient le long du mur.

Quelquefois il mettait dans mes cheveux ou dans ceux de ma mère, une ou deux fleurs de jasmin, et apportait pour notre dessert du soir, quelques mandarines.

J'aimais bien ces habitudes, j'attendais et j'espérais ces gestes de mon père.

Je ne sais pas pourquoi mais c'était comme si toute la famille vivait, existait par ces gestes simples.

Un soir, je surpris une conversation entre mon père et ma mère. J'avais très peur d'être punie mais en même temps je voulais savoir ce que voulait dire mon père quand il parlait de départ et de secret.

La voix de mon père était très lasse :

« En fait, ils ne recherchent que moi. Ils veulent faire un exemple sur moi. Toi et les enfants, vous pouvez encore partir. Officiellement vous pouvez encore prendre l'autocar, vous pouvez aller jusqu'à la frontière.

Plus tard j'essaierai de vous rejoindre... »

Il y eut un long silence et ma mère, très doucement, un peu avec ce ton qu'elle prenait pour nous dire d'être sage, lui avait dit :

« Nous resterons ensemble ici, ou nous partirons ensemble. Mon Amour. »

J'avais un peu honte d'écouter en cachette leur conversation mais sans savoir très bien pourquoi, j'étais heureuse. Peut-être parce que je les imaginais se tenant par la main.

J'entendis ensuite mon père lui chuchoter :

« Tu sais, en restant ici, je serai arrêté et ils m'enverront dans un camp. Tous mes collègues à l'université sont déjà en prison. En restant, je serai séparé de vous. Alors mon Amour, nous partirons. La vie en France sera bonne pour nous. Et nous recommencerons. »

Ce soir-là, je n'avais pas imaginé notre vie en France comme elle l'est aujourd'hui.

⁎⁎

Commencèrent alors les longs jours d'attente avant le départ, la fuite.

Mon père se mit à épier les hommes en noir qui gardaient notre rue. Il notait sur un papier les heures de garde, les changements de garde, les habitudes des hommes.

Ma mère allait quelquefois au marché de la ville et je crois savoir que c'était pour trouver de l'argent étranger. Elle essaya également de nous acheter des chaussures de tennis, des pantalons solides. Elle mit longtemps à tout rassembler mais toujours avec la même persévérance, la même douceur. Et quand elle réussissait à trouver les choses qui lui semblaient convenir, alors elle les montrait à mon père... et ils se souriaient, les yeux dans les yeux. Il se parlaient avec les yeux. Merveilleuse connivence... Je me rappelle aussi l'avoir vue tout nettoyer dans la maison, surtout une petite commode et les deux grands vases, qui venaient de sa mère...

Elle me dit, une fois, la voix étranglée :

« J'aurais voulu que tu hérites de ces choses un jour... Mais c'est la vie, la chaîne s'interrompt... », — et dans un sanglot — « Peut-être qu'on ne nous les volera pas et peut-être que tu, nous, les retrouverons un jour... »

Je la vis une autre fois, crispée, tendue, presque hargneuse, brûler des lettres... Je suppose que cela devait être le courrier qu'elle écrivait à mon père ou les lettres qu'elle avait reçues de lui. Il y avait aussi des photos.

Quand il revint et qu'il vit le petit tas de cendre, mon père la prit dans ses bras. Ils étaient serrés l'un contre l'autre, les yeux fermés... longtemps.

DEUXIEME PARTIE

Pendant...

I

Nous partîmes tard une nuit. Je dormais profondément quand ma mère vint me réveiller. Elle me dit qu'elle allait m'habiller et j'en fus étonnée car d'habitude je devais m'habiller seule, étant selon son expression « grande fille maintenant ».

Elle me mit à même le corps une ceinture faite avec la belle écharpe de soie qu'elle aimait bien. C'était un cadeau de mon père. Il y avait deux poches cousues sur l'écharpe.

Elle me brossa ensuite les cheveux tout en me disant :

« Ama, ton père te l'avait déjà dit. Nous allons partir, quitter cette maison, quitter ce pays. Nous irons d'abord à Bangkok et ensuite en France. Tu portes sur toi tout notre argent ainsi que tous mes bijoux.

Il est possible que les hommes en noir nous arrêtent. Ils vont peut-être nous fouiller. Mais je ne crois pas qu'ils fouillent les enfants. Enfin, essaie de ne pas avoir peur. »

Elle alla ensuite réveiller ma petite sœur et mes deux
frères. Mon dernier frère pleurait et ne comprenait pas.
C'est vrai qu'il n'avait que quatre ans et demi ! Les autres,
ma sœur de deux ans ma cadette et le garçon qui était déjà
costaud pour ses neuf ans, s'amusaient de ce réveil insolite.

Il devait être deux heures du matin et il faisait nuit
noire. Les nuages bas jouaient à cache-cache avec la lune.

Nous étions sortis en grimpant sur le mur derrière la
maison. Mon père portait notre dernier frère, et ma mère
tenait par la main mon autre frère et ma sœur.

J'étais fière cas je marchais seule et je gardais les bijoux
de ma mère, la fortune de la famille !

Dès que la lune apparaissait, nous nous arrêtions dans
l'encoignure des portes ou nous nous tapissions derrière les
haies. Alors j'avais peur et j'avais envie que ma mère me
prît la main.

Mais elle ne le pouvait pas car nous marchions les uns
derrière les autres. J'étais la dernière. Je me souviens de
m'être mordue les lèvres pour ne pas trembler.

Nous avons marché longtemps, longtemps. Une fois,
une patrouille d'hommes en noir était passée tout près de
nous.

Ils parlaient fort.

Ils traînaient un homme et une femme qui avaient les
mains liées dans le dos.

Les hommes en noir riaient. La femme pleurait.

Marche dans la nuit. La peur. Serrer les dents.

A mesure que l'on s'éloignait de la ville, il y avait moins de patrouilles d'hommes en noir.

Au petit matin, nous arrivâmes près d'un village où habitait un de mes oncles, un vieil homme avec des cheveux tout blancs. Dans le temps, avant la guerre, nous allions souvent le voir avec toute notre famille. J'aimais bien ces visites, surtout à l'anniversaire de la mort de mon grand-père, que je n'avais pas connu car il était mort, paraît-il, quand j'avais deux ans. Mon oncle était le frère aîné de mon père et c'est pour cela que les cérémonies du culte des ancêtres avaient toujours lieu chez lui.

Mon père s'était concerté avec ma mère :

« Nous allons rester cachés car il y a un poste de garde à l'entrée du village. Prends Ama avec toi et allez voir si mon frère peut nous recueillir pour ce soir.

En te voyant toi et Ama, ils feront moins attention.

Tu reviendras nous chercher avec la carriole de mon frère. Fais attention et prends soin de toi. »

Ma mère lui avait pris la main et l'avait regardé longuement dans les yeux. Sans rien dire. On aurait dit qu'ils s'aimaient par le regard.

Nous étions allées sur la route menant au village, ma
mère et moi.

La route était bordée de flamboyants, avec plein de
fleurs rouges et les premiers rayons du soleil du matin fil-
traient à travers les feuillages.

C'était beau et dans d'autres circonstances j'aurais eu
envie de courir le long de la route, mais j'avais très peur.

Ma mère marchait vite; elle avait rassemblé tous ses longs
cheveux sous un foulard de toile grise. Je ne comprenais pas
très bien pourquoi, parce que cela l'enlaidissait et parce que
j'aimais bien quand elle avait les cheveux qui lui tombaient
sur les épaules.

A l'entrée du village il y avait un poste de garde, juste
une petite case faite de bambous et on voyait à travers. Trois
hommes montaient la garde. En nous voyant arriver l'un
d'entre eux se mit au milieu de la route.

C'était le plus âgé, à peu près du même âge que mon
père.

Il cria :

« Où allez-vous, et d'où venez-vous ? »

Ma mère lui répondit :

« Nous venons de la ville, avec ma fille et nous sommes
parties très tôt ce matin. Cela fait longtemps que nous
n'avons pas eu de nouvelles de mon beau-frère, Monsieur...
qui habite dans ce village, alors nous sommes venues pour
lui rendre visite...

L'homme la dévisagea longuement avant de dire :

« Ce n'est pas très clair tout cela. D'abord il est interdit de sortir de la ville. Par ailleurs, on le connaît, ce vieil imbécile. Nous avons l'œil sur lui...

Viens dans le poste, on va tirer tout cela au clair. Toi la petite — il me désigna du doigt — reste dehors et attends. »

Ce disant il prit ma mère par le bras et la força à entrer dans la cahute. Je me rappelle la voix de ma mère, les suppliant : « Je vous en prie, je vous en prie ! Je suis fatiguée et il faut que j'aille voir mon beau-frère et il faut que je revienne à la ville ce soir, avant la tombée de la nuit. Je vous en prie... »

Ils emmenèrent à deux ma mère dans la case de bambou.

***

Je voulus dire quelque chose mais je ne trouvai pas les phrases. D'ailleurs, très vite, le garde qui était resté dehors, me fit asseoir de l'autre côté de la route. Il avait le sourire goguenard et les yeux un peu brillants.

J'entendais ma mère crier. J'entendais aussi les rires des hommes en noir..

Si j'avais eu un couteau, je crois que je serais entrée dans la case pour l'aider.

Je m'étais couchée sur l'herbe du fossé et j'avais mordu l'herbe, et pour ne rien entendre, je m'étais bouchée les oreilles. Je sentais la ceinture, où il y avait l'argent et les bijoux, me rentrer dans le ventre. Je m'appuyais de toutes mes forces contre la terre, contre les pierres, pour avoir encore plus mal.

Je me disais tout bas : « Il ne faut pas qu'ils me fouillent. Je dois rester ici. C'est moi qui détiens toute notre fortune. Je dois rester ici. Il ne faut pas qu'ils me fouillent. »

Je me souviens aussi avoir dit plusieurs fois :

« Seigneur, tuez-les. »

Puis l'autre garde entra dans la case. Il n'y avait plus que le bruit de leurs rires.

J'avais attendu longtemps. J'avais regardé le soleil, les yeux grand ouverts, longuement pour arriver à ne plus voir qu'une lumière blanche.

*
**

Ensuite ma mère sortit, sans son foulard, ses longs cheveux tombant sur les épaules. Elle vint vers moi, les yeux rougis par les pleurs. Sa voix me parvint, un peu dure :

« Marche devant. Ne me regarde pas. Ne te retourne pas. On va chez ton oncle. »

Même maintenant, j'ai encore quelquefois dans la bouche le goût un peu amer de l'herbe que j'ai mordue.

*
**

A Ville-d'Avray, toute la famille, y compris le père de Clémence et d'Olivier, est gentille avec moi.

Tous essaient de me faire rire, mais peut-être ne comprennent-ils pas que, de voir leur bonheur, souvent il m'arrive de penser à ma propre famille.

Alors je fais semblant d'aller dans le garage pour chercher du bois... et j'y reste pour pleurer tout mon saoul.

*
**

Quand nous étions arrivées chez mon oncle, ma mère avait renoué ses cheveux, essuyé sa figure, réajusté sa tunique.

Mon oncle fut tout étonné de la voir de si bonne heure car la route est longue de la ville jusqu'au village.

Elle lui parla avec déférence — c'est l'habitude des femmes de mon pays — mais je sentis, à sa voix altérée, qu'elle était malheureuse, un peu comme après une dispute avec mon père : « Oncle, nous nous sommes enfuis de la ville hier dans la nuit. Votre frère et les autres enfants sont cachés dans les champs hors du village.

Nous voudrions aller vers le fleuve, vers la frontière, et de là, passer en Thaïlande, et si Dieu le veut, ensuite en France. Nous avons besoin de votre aide pour avoir un peu de nourriture pour la route, car nous sommes partis sans rien prendre. Juste nos vêtements, notre argent et mes bijoux. »

Mon oncle la laissa boire une gorgée de thé et lui dit :

« Comment cela s'est-il passé quand vous êtes rentrées au village toutes les deux ? Je connais les voyous qui tiennent le poste... »

Il laissa sa phrase en suspens. Ma mère but à nouveau du thé.

J'allais parler quand elle me fit taire en me regardant fixement, et tout en maintenant son regard sur moi, elle répondit :

« Rien, il ne s'est rien passé. Ils m'ont simplement demandé mes papiers. »

Mon oncle décida d'atteler la vieille carriole et de nous accompagner jusqu'au fleuve. Il prit quelque nourriture, des boîtes de conserves, des galettes de riz, des bouteilles d'eau. Il les cacha sous une couverture.

Il fit asseoir ma mère à côté de lui et me mit à l'arrière sur la couverture cachant les provisions.

En faisant partir le cheval tirant la carriole, il nous dit : « Arrivés au poste de garde, ne dites rien, laissez-moi faire. »

Le soleil était déjà haut dans le ciel, un soleil brûlant de l'arrière-été, quand nous repassâmes à nouveau devant le poste de garde. Les hommes en noir arrêtèrent notre carriole. Le chef, celui qui avait entraîné ma mère dans le poste s'écria :

« Tiens c'est le vieillard du village ! celui qui parle toujours par proverbes ! Alors on se dévergonde ? »

Ma mère regardait droit devant elle. J'aurais voulu qu'elle les injuriât car dans mon cœur il n'y avait que de la haine pour ces gens. Mais elle ne dit rien. Simplement je sentis sa main trembler dans la mienne et les ongles s'enfoncer dans ma peau.

Mon oncle dit :

« Toi — et il désigna celui qui semblait être le chef du poste — je t'ai connu gamin et en ce temps-là, tu m'appelais maître et tu avais peur quand tu récitais tes leçons devant moi. Alors cela suffit! tu peux au moins me parler poliment. Je raccompagne ma belle-sœur jusqu'à la ville. La route est longue et il va faire chaud aujourd'hui. Alors pas d'histoire ! »

Il y eut un flottement parmi les hommes en noir. Puis l'un d'entre eux, tout en fouettant le cheval avec son chapeau en toile, s'écria : « Allez, laisse-les aller, va — comme cela, elle verra qu'on est gentil — et elle reviendra, et nous pourrons à nouveau lui demander ses papiers d'identité ! »

Tous s'esclaffaient et leur rire nous accompagna un bon moment sur la route.

Après avoir pris mon père et le reste de la famille, mon oncle engagea la carriole sur des petits sentiers, à travers les plantations d'hévéas.

Ma mère prit mon petit frère le benjamin contre elle et le berça doucement. Mon père lui jetait de temps en temps des regards à la dérobée.

Il faisait frais sous les hévéas et personne ne parlait.

⁂

Mon oncle avait arrêté la carriole dans une clairière. Autour de nous, les hévéas en haute futaie portaient des saignées, longues traces un peu blanchâtres boursouflées comme des blessures.

Mon oncle nous dit :

« Plus personne ne s'occupe des arbres. Les enfants, regardez le caoutchouc qui s'écoule. Quel gâchis ! »

J'eus l'impression qu'il parlait uniquement pour rompre le silence. Mon petit frère qui s'était endormi durant tout le voyage depuis ce matin, s'ébroua et dit tout bas : « Maman j'ai soif. »

Nous avions mangé presque de bon cœur. Sauf ma mère dont le visage ruisselait de larmes et qui s'efforçait d'avaler les bouchées, l'une après l'autre.

Mon père restait silencieux. Alors mon oncle nous appela :

« Allons faire une petite promenade. Je vais vous montrer comment on retire le caoutchouc de l'hévéa. »

Je sus tout de suite qu'il voulait que nous laissions nos parents seuls et je fus la première à m'enfoncer avec lui vers les arbres. A notre retour, un peu plus tard, je vis que ma mère avait sa tête sur l'épaule de mon père. Je n'ai jamais su ce qu'ils s'étaient dit.

Mon oncle commença à ranger toutes les provisions dans deux sacs. Il avait l'air heureux et de temps en temps jetait un rapide regard vers mes parents.

Quand il eut fini de remplir les sacs, il appela mon père :

« Je crois qu'il vaut mieux abandonner ici la voiture, car la forêt s'arrête dans un kilomètre environ.

Après il y aura des rizières et des villages, à peu près encore vingt kilomètres avant le fleuve, avant la frontière. Nous serons en terrain découvert et il faudra marcher de nuit.

Je vais libérer le cheval. Reposez-vous pendant ce temps. Nous partirons à la nuit tombée. »

Mon père lui demanda :

« A la frontière, viendras-tu avec nous ?

Je le souhaite de tout mon cœur... »

Mon oncle tout en lissant sa petite barbe presque blanche l'interrompit :

« Nous verrons... Tu sais, je suis déjà vieux et, émigrer, changer de vie, constitue quelque chose de très difficile pour les vieillards. »

*
* *

De nouveau ce fut une autre marche de nuit.

La peur à douze ans. La peur de marcher dans la nuit, dans la rizière. On m'avait dit que quelquefois il y a des serpents, dans l'eau des rizières. L'eau et la boue nous arrivaient à hauteur des genoux.

La peur des hommes en noir qui patrouillaient sur les digues bordant les rizières. Ils tiraient au moindre bruit.

Alors la peur à douze ans c'est de fermer les yeux, de ne plus penser, oublier où l'on pose ses pieds, oublier les bruits de la nuit. J'avançais et pour me rassurer je touchais le dos de mon oncle qui marchait devant moi.

Je ne voudrais plus jamais avoir peur. Quelquefois je regarde Clémence et Olivier. Il me vient alors souvent la même prière : « Mon Dieu qu'ils ne connaissent jamais ce que j'ai connu. »

*
* *

Il y eut de nombreux jours où nous vécûmes cachés près des villages, dans les broussailles.

Il y eut de nombreuses marches de nuit.

Quelquefois, je rentrais seule dans un village pour essayer de voir s'il y avait des hommes en noir, pour acheter un peu de provisions.

C'était au cours d'une incursion dans un de ces villages que je vis cette scène macabre de la danse du sac.

Ce furent de longs jours et de longues nuits d'angoisse et de peur.

*
* *

Un jour, un peu avant l'aube, mourut mon petit frère, le dernier-né. Il n'avait fait de mal à personne. Il rêvait d'aller faire un tour de manège mais les hommes en noir avaient fermé le seul manège qui était dans le square près de chez nous; il voyait de temps en temps le manège arrêté, sans musique, alors il me disait :

« Je veux faire un « tou » de manège dis, je veux faire un « tou » de manège ! » Et moi je ne savais que répondre : « Bientôt petit frère, bientôt. »

C'est triste un manège sans musique.

Mon petit frère n'aura jamais connu les manèges.

C'était un peu avant l'aube. Il fallait que nous traversions une route et de là nous devions à nouveau marcher à travers la forêt, avant d'arriver au bord du fleuve.

« La route, nous avait dit mon oncle, est gardée par plusieurs petits postes. C'est l'endroit le plus dangereux. Il faudra ne pas faire un seul bruit. »

Il y avait une petite pente pour monter jusqu'à la route. Ma mère portait mon petit frère.

Ma mère a dû tomber ou mon petit frère a dû se réveiller et s'échapper de ses bras.

Il y eut des cris et de longues rafales.

Nous avons tous couru à perdre haleine, droit devant nous.

Je me rappelle maintenant que je ne pensais plus à mes pieds, aux serpents... L'autre peur, la peur des hommes en noir, de leurs fusils était plus forte.

Mon père et mon oncle cherchaient à nous rassembler quand nous vîmes arriver ma mère, étouffant des sanglots.

Elle était tachée de sang, mais c'était le sang de mon petit frère.

II

Le printemps s'installe à Ville-d'Avray. Les premiers bourgeons sont éclos, les premières feuilles frissonnent dans les arbres.

La nature est vert tendre.

Que le printemps est beau à Ville-d'Avray, et finalement qu'importent mes chagrins !

Les parents de Clémence et d'Olivier m'ont un peu forcée à participer à une retraite bien que depuis quelque temps, quelquefois, je ne croie plus en rien.

Ils m'ont dit : « Cela n'a pas d'importance. Tu te retrouveras avec d'autres petites filles de ton âge. Tu n'es pas obligée d'aller aux messes. Tu écouteras si tu le veux... »

Cela s'est passé à Versailles dans un couvent. Je commence à trouver que les murs de pierres, les voûtes, toutes ces constructions auxquelles je ne suis pas habituée, ont un certain charme.

Pendant ces quelques jours, un prêtre est venu nous parler. Mes camarades prenaient des notes, alors j'ai fait comme elles, mais comme je ne domine pas tout à fait encore la langue française, je n'ai pas pu tout prendre et aujourd'hui j'essaie de relire ces phrases éparses. J'essaie de comprendre...

Ma famille était catholique. Mon oncle, lui, était bouddhiste. Dans mon pays cela n'avait pas d'importance. Mon père me disait quand je lui demandais la différence entre bouddhiste et catholique :

« Il n'y a pas de différence de fond. Tous les deux croient, tous les deux prêchent la bonté. Seul le hasard des circonstances fait que tu as la chance de naître bouddhiste ou catholique... »

Le prêtre avait dit, mais comme je n'arrivais à prendre qu'une ou deux phrases de-ci, de-là, peut-être en ai-je déformé le sens :

« On peut avoir tort d'avoir raison.

Il faut être pour le pêcheur contre le péché.

Le monde appartient à qui l'aime.

Notre lot n'est pas la souffrance, on ne s'y habitue jamais... Le but est le bonheur, le bonheur est dans l'amour. Redonner au mot amour son véritable sens; nul mot n'est plus abîmé : excuse majeure qui innocente tout, passion, égoïsme, instinct incontrôlable et subi. »

J'essaie de comprendre mais je n'y arrive pas.

Presque tous ceux que j'aime sont morts... J'ai de la

haine dans mon cœur. Haine à l'état pur. Et souvent j'en
ai honte.

« La charité est patiente, elle est bonne.

La charité n'est pas envieuse, la charité n'est pas incon-
sidérée, elle ne s'enfle point d'orgueil; elle n'est ni légère,
ni égoïste, elle ne s'emporte pas, elle ne tient pas compte
du mal; elle se réjouit non du mal mais de la vérité; elle
excuse tout, croit tout, espère tout, supporte tout. »

Mais pourquoi a-t-on tiré sur mon petit frère ?

Pourquoi a-t-on violé ma mère ? Pourquoi ma famille
est-elle séparée de moi ? Je ne peux être charitable après avoir
vécu cela. Je ne peux être charitable car je souffre.

Le soir même de la mort de mon petit frère, nous étions
arrivés au bord du fleuve, dernière étape pour passer en
Thaïlande. Ma mère avait tenu longtemps mon petit frère
dans ses bras. Elle marchait courbée. De temps à autre un
sanglot profond et assourdi. Un peu, peut-être comme le
bruit d'une bête mise à mort.

Juste avant d'arriver au fleuve, mon oncle lui arracha
mon petit frère des bras, l'enroula dans sa veste et repartit
vers la forêt. Mon père retint ma mère qui voulait suivre.

Je sais maintenant que mon petit frère est enterré quelque part, là-bas, dans la forêt, près du fleuve...

En écrivant ces lignes, je revois mon petit frère sautillant sur ses petites jambes et s'écriant : « Oh un manège ! Je veux faire un « tou » de manège ! »

Et je ne sais pas pourquoi, mais je voudrais mourir.

Et pourtant il fait beau sur Ville-d'Avray. Et pourtant les feuilles repoussent sur les arbres et la nature est toute ensoleillée, accueillante. Même les gens sont beaux.

*
**

Arrivés au fleuve, nous nous cachâmes dans un petit bois, et mon oncle partit à la recherche d'une barque. Ma mère lui donna les deux bracelets en or qu'elle avait cachés sur moi. La nuit tombait et nous avions froid et faim mais la fatigue était telle que très vite le sommeil vint. Je dormis dans un fossé tenant par la main ma sœur et mon autre frère. Je vis vaguement, avant de tomber de sommeil, mon père et ma mère regardant à l'orée du bois vers le fleuve, que l'on entendait au loin.

Le vent souffla très fort cette nuit-là, me réveillant de temps en temps et à chaque fois je cherchais la main, le corps de mon dernier frère. A chaque fois, au bout de quelques minutes seulement, je me rendais compte qu'il n'était plus parmi nous, mais plus loin là-bas, dans la terre. Et je griffais la terre de rage et aussi pour ne pas pleurer, ne pas faire de bruit.

Mon père nous réveilla à l'aube en nous donnant un peu d'eau et ce qui restait comme biscuits.

Dans la lumière blafarde, je vis les membres de ma famille pour la première fois, sales, hagards, comme d'un autre monde, et j'eus envie de leur dire :

« Retournons chez nous. Nous étions mieux là-bas... »

Comme s'il avait deviné mes pensées, mon père nous dit :

« Encore un peu de courage, mes enfants. Bientôt nous traverserons le fleuve et tout ira mieux. Attendez-moi ici je vais à la rencontre de votre oncle. Toi Ama, reste près de ta mère. »

L'aube se levait sur le fleuve et un léger brouillard planait sur les eaux. En d'autres circonstances, j'aurais proposé à toute ma famille une baignade car il commençait à faire chaud. Mais nous restâmes prostrés dans le fossé sous les arbres.

J'avais ramassé des petits bouts de branches, des brindilles et j'essayais d'amuser mon frère et ma sœur en construisant une petite maison et je leur chuchotais que c'était une maison de poupée.

Ils me regardaient et hochaient la tête : ils ne me croyaient pas ou tout simplement ils n'avaient pas envie de jouer.

Ma mère ne disait pas un mot. De temps en temps elle nous dévisageait puis détournait rapidement la tête, regardant au loin.

Combien d'heures restâmes-nous ainsi ? La dernière gorgée d'eau fut partagée entre mon frère et ma sœur qui geignaient doucement. Dans le sous-bois, la chaleur était devenue de plus en plus dure à supporter.

Ce ne fut que tard en début d'après-midi que revint mon oncle. Il avait un bidon d'eau et une boulette de riz.

Il nous fit d'abord tous manger et boire avant de demander à ma mère :

« Où est parti ton mari ? »

Ma mère, toujours dans un état de prostration complète, répondit :

« Il est parti vous chercher, par là. » Et elle montra vaguement du doigt un coin de la forêt.

Mon oncle maugréa quelque chose que nous n'entendîmes point et s'assit avec nous par terre.

Plus tard, après de longs moments de silence, il nous dit :

« Nous allons attendre votre père jusqu'à ce soir... De toute façon il faudra attendre jusqu'à ce soir car le pêcheur que j'ai trouvé n'a accepté de nous faire traverser le fleuve qu'en pleine nuit. Pour le moment, essayez de dormir... »

Vers le milieu de l'après-midi ce jour-là, nous entendîmes au loin une fusillade. Ma mère se leva, tendit l'oreille et se mit à hurler. Mon oncle la força à se rasseoir et lui répéta inlassablement :

« Il faut attendre; on ne peut pas y aller, il faut attendre. »

Je n'ai plus jamais revu mon père depuis ce jour.

C'est la première belle journée vraiment ensoleillée à Ville-d'Avray. Par la fenêtre de la cuisine, par la porte vitrée du salon, on voit maintenant les feuillages des arbres.

Le soleil a envahi les pièces.

Olivier porte maintenant des shorts et Clémence et moi-même nous sommes en jupes.

On dirait une autre sorte de vie. Nous restons plus longtemps dans le jardin. Finalement quand le ciel est beau, quand il y a du soleil, on pense moins aux choses lancinantes du cœur. Finalement, peut-être, la vie n'est pas aussi laide que cela. Finalement... mais je ne sais plus où j'en suis.

Quand on a très mal, quand on ne sait plus où on en est, on a envie de rêver, de délirer mentalement.

C'est ce qui m'arrive quelquefois.

« Dans mon pays il n'y a pas de loups. Donc je ne les connais pas. Ou plutôt si, je suis certaine qu'ils ne sont pas méchants. Au-delà des cinq continents et des sept mers, mon pays s'étale au soleil. Il y a quelques montagnes très hautes dont les cimes se perdent parfois dans les nuages, ensuite une région de plateaux où l'herbe dépasse les hommes et tout de suite après, des rizières qui miroitent au soleil.

Et derrière une longue digue, la mer turquoise avec plein de crêtes blanches.

Il n'y a jamais eu jusqu'à présent de loups dans les rizières. Seulement des buffles et des chèvres qui se mettent à l'ombre des haies de bambou.

Mais il paraît que sur les hauts plateaux cachés dans les herbes, il y avait des tigres. Les seigneurs tigres.

De temps en temps les tigres descendent vers les rizières, attaquent les buffles et les chèvres. Les paysans ont alors très peur et se barricadent dans leur maison.

Un jour, c'était une belle fin d'après-midi, je gardais les deux buffles que possédaient mon oncle, là-bas dans son village. J'avais l'habitude de les amener sur le tertre derrière le village. Ils broutaient le peu d'herbes qu'il y avait autour du manguier centenaire et moi j'étais adossée à l'arbre, pour être à l'ombre. Je chantais la comptine que m'avait apprise ma mère.

> « *Un matin tu es venue*
> *Et à trois nous avons cru*
> *En notre paradis*
> *A trois nous avons cru*
> *Dans la vie.* »

Puis j'inventais des paroles à moi, sans rime mais c'était ma grande joie, et puis parce que personne ne m'entendait :

« Un jour tu as fait tes premiers pas
Et à deux nous avons marché
Derrière toi.
A trois nous avons marché vers la vie. »

Tout à coup je vis des loups. Je sus plus tard que c'était des loups. En fait c'était comme de grands chiens, le père, la mère et un loup très jeune qui marchait à peine.

Mes deux buffles émirent des grognements en secouant les cornes mais ils n'avaient pas réellement peur car ils se mirent à brouter, grognant de temps en temps.

Je n'avais pas peur non plus, et je me demandai simplement s'ils n'allaient pas faire fuir les buffles.

Les loups s'étaient assis pas très loin de moi et me regardaient, le petit s'était lové contre sa mère. Tout ceci sans bruit. Un peu comme pour me dire : « Vous voyez, nous ne gênons personne... » Son regard était étrange, un peu inquiet, sur le qui-vive. Dans le soleil bien doux de cette fin de journée, il y eut presque une harmonie, un peu comme lorsqu'on regarde la mer calmée... Chaque chose est étrangère à l'autre mais tout se tient et la juxtaposition des différences fait l'harmonie.

Combien de temps restâmes-nous ainsi ?

Un paysan rentrant de son champ passa près de nous. Il se mit tout à coup à hurler :

« Sauve-toi, sauve-toi vite, ce sont des loups ! »

Et le voilà qui prit sa faux et appela à la rescousse d'autres paysans marchant sur la digue plus bas.

Les buffles, aux hurlements des hommes, rompirent leur longe et s'en allèrent. Déjà six à sept gaillards costauds étaient autour de nous mais les loups restaient assis et ne faisaient aucun bruit. Peut-être leur respiration fut-elle plus rapide, peut-être y avait-il un peu plus d'inquiétude dans leur regard.

Je me mis debout entre les loups et les hommes et leur dis en riant : « Mais non, ils ne sont pas méchants. Cela fait bien une heure que je suis avec eux et ils ne m'ont rien fait ! »

Un des paysans me saisit le bras et m'écarta. Sa voix était violente : « Va-t-en vite, ils peuvent te mordre ! et ils vont massacrer nos poulets et nos cochons. »

Et il asséna un coup de bâton sur la mère et son petit. L'autre loup, le père hurla et s'élança vers l'homme qui avait frappé, mais un autre paysan lui donna un coup de faux.

Je revois encore la blessure, la faux tachée de sang, la mère louve qui boitait et j'entends encore le petit loup gémir. Ils s'enfuirent et les hommes essayèrent de les rattraper.

Le soir était là. Il n'y a plus d'étrangeté. Il n'y a plus d'harmonie. »

*
**

Le sujet de la rédaction était : « Parlez des hommes et des animaux. »

J'ai eu une note moyenne avec la remarque suivante du professeur :

« Il n'y a pas de loups en Asie. Et les loups sont des animaux méchants. »

Je ne sais pas. Je ne le crois pas. Les loups sont un peu à part et leurs blessures viennent souvent des hommes.

Mon père disait quand il était fatigué :

« Déjà le cœur bat moins vite mais que d'espoirs encore. Déjà le corps se courbe et que le temps passe vite. »

J'imagine souvent la mort d'un grand oiseau, un oiseau des îles par exemple.

L'oiseau blessé pousse des petits cris. Le ciel est silencieux. Le ciel est sans nuage et le soleil presque blanc.

L'oiseau blessé veut voler vers un endroit où il n'y aura plus d'hommes pour le poursuivre, mais sa blessure l'empêche d'aller loin. Les hommes regardent ses efforts désespérés. Les hommes rient.

L'oiseau blessé sait qu'il n'a plus d'issue.

Le rire des hommes, la laideur des hommes sont pour lui une seconde mort.

L'oiseau blessé tente encore de planer. Il ne peut plus battre des ailes et sous le soleil brûlant, son cheminement est inéluctable, et le sang goutte sur le sol et les chasseurs suivent la trace.

L'oiseau plane encore quelque temps.

Je me dis que certainement, pour le peu de temps qui lui restait à vivre, la mort de mon père fut pareille au vol plané de l'oiseau.

III

Ce soir il pleut sur Ville-d'Avray, une pluie forte, qui tinte contre les vitres, qui roule sur le toit, qui vous donne envie de vous faire toute petite.

Ce soir, les parents de Clémence et Olivier reçoivent à dîner. Des gens paraît-il importants... des gens qui parlent fort et qui s'écoutent parler.

J'ai pris l'habitude, quand il y a des dîners, comme ce soir, de m'installer sur un canapé, posé dans le couloir du premier étage, à côté d'une vieille horloge.

J'aime rester ainsi des heures, à écouter ce qui se dit... Ce n'était pas comme cela chez moi, où les conversations étaient plus feutrées. A part le bruit, peut-être était-ce pareil ? En tout cas, quand c'était chez moi, je devais être trop jeune pour tout comprendre.

Mais ce soir, les discours des uns et des autres me semblent vains, étonnamment vides et je me demande ce qu'ils peuvent trouver comme charme à leur vie, à leurs centres d'intérêts.

En secret, ce soir, je me suis promis de ne jamais leur ressembler, d'avoir une vie autre, plus tard... Exceptionnelle. D'essayer de trouver...

En trame de fond des phrases étranges :

« Vous savez Chirac est un peu — suit un mot que je n'ai pas très bien compris — mais il a une certaine vision de la France, du gaullisme, qui force le respect... »

« Non, sa vision politique risque de mener à une division de la France. »

Voix de femmes... « Vous avez vu ce nouvel *Exodus vietnamien*... »

« Les pauvres, je ne comprends pas ces Malais qui refusent de leur porter secours. »

« Oui chère amie, il faut faire quelque chose... voulez-vous encore un peu de fromage ? »

Alors je me suis faite encore plus petite... Je me suis bouché les oreilles.

Et à nouveau la mer, le bruit de la mer, le pas de mon père, les longs cheveux de ma mère... et quelques larmes coulent sans que l'on sache si c'est du bonheur ou de la tristesse.

Je suis restée longtemps ainsi, à rêvasser, à me raconter des histoires, où il y a des petits enfants, tous gentils. Tous plus ou moins martyrs.

*

Quelquefois vient à Ville-d'Avray la grande-tante de Clémence et Olivier. C'est une vieille dame aux cheveux tout blancs, avec un chignon; elle a dû être belle.

Lorsque la vieille dame venait, elle nous réunissait tous les trois, les enfants, et nous parlait souvent de Dieu, de Jésus qui était mort sur la Croix pour nous, de la pauvre condition des enfants non baptisés qui ne faisaient pas partie de la grande famille des enfants de Dieu.

Et le soir avec les parents de Clémence et Olivier, on parlait de la vieille tante et de ses propos.

Le père de Clémence et Olivier se moquait souvent d'elle :

«N'empêche qu'elle n'aura peut-être qu'un strapontin au Paradis et moi un beau fauteuil !... »

Ce que disait la vieille dame me fait souvent réfléchir...

Confusément cela me semble injuste, profondément injuste...

D'un côté elle disait que Dieu est bon et tout puissant, de l'autre il y a cette histoire d'enfants qui ne sont pas de la famille s'ils ne sont pas baptisés.

Et puis l'histoire de ces langues de feu qui descendent du ciel, les esprits ou le Saint-Esprit, je ne sais plus.

Et en même temps, je sens qu'il y a peut-être quelque chose de vrai dans tout cela... et je me surprends à avoir peur pour le père de Clémence et Olivier... Il ne devrait pas se moquer ainsi.

**
***

Nous avions attendu mon père toute la fin de l'après-midi et presque toute la soirée. Vers minuit, mon oncle se leva et nous dit :

« Il faut y aller maintenant. Le pêcheur qui doit nous faire passer nous attend. » Puis s'adressant à ma mère : « Tu vas traverser le fleuve avec les enfants. Je resterai ici à attendre ton mari et dès que possible, nous irons te rejoindre... »

Ma mère avait son visage caché dans ses mains et murmurait :

« Non... non... ce n'est pas possible... il va revenir. Il va revenir. »

Mon oncle voulut la lever mais elle s'accrochait à l'herbe, à la terre. Ses mains râclaient la terre. Elle gémissait.

En la voyant ainsi, nous nous étions mis, les enfants, tous les trois à pleurer, bruyamment. Mon oncle nous regardait. Il y avait un clair de lune et je me rappelle bien la scène. Mon oncle était debout et je voyais ses vêtements froissés. Sa figure portait des traces humides. Etait-ce la sueur ou des larmes ?...

Nous étions tous, les enfants, blottis autour de ma mère, faisant corps avec elle.

Puis j'entendis la voix de mon oncle :

« Ama, Ama, chut ne pleure plus, voilà ce que nous allons faire. Ama, tu es une grande fille, il faut que tu m'écoutes. Je vais t'amener avec ta petite sœur sur le fleuve. Je vais vous confier toutes les deux au pêcheur qui va vous faire passer de l'autre côté.

Puis je reviendrai ici, attendre ton père, avec ta mère.
En attendant c'est ton frère qui reste avec elle, qui veillera
sur elle. Ne t'inquiète pas. Je prendrai soin de ta mère et
de ton petit frère dès que je vous aurai mises dans la barque.
De l'autre côté, il y aura un poste de garde avec des policiers.
Ils seront gentils avec toi, tu verras. Tu leur demanderas
de rester et tu leur diras que vous voulez attendre, près du
poste, notre arrivée.

Ama, viens maintenant, il faut y aller. »

C'est ainsi que je n'ai plus jamais revu ma mère, ni mon
autre frère.

⁂

La mère de Clémence et Olivier avait expliqué un soir,
que la maison était grande et qu'il lui fallait une aide pour
l'entretenir.

D'ailleurs, disait-elle, elle avait déjà trouvé quelqu'un
— une personne de quarante ans environ, très propre, l'air
honnête et qui habitait dans Paris, mais elle a le train direct
de Saint-Lazare à Ville-d'Avray. Cette femme est mère
d'un jeune garçon qui doit avoir mon âge.

« Ce serait en plus une bonne action. Le jeune garçon
pourrait venir jouer ici avec Clémence, Olivier et Ama...
Qu'en penses-tu ? »

Le papa de Clémence et Olivier a dit qu'il n'en pensait
rien. Le samedi matin on a sonné à la porte. Une dame
plutôt grande et maigre était à la grille. A côté d'elle, se

tenait un garçon de quinze, seize ans environ. Il est châtain de cheveux et son visage est empli de taches de rousseur. J'ai regardé la scène par la fenêtre du premier étage. Le jeune garçon, Philippe, lançait des coups d'œil partout et avait un air détaché. Il portait un pantalon, une chemisette blanche et sa mère lui tirait le bras en lui recommandant tout bas d'être bien poli; elle a un air austère, comme résigné.

Je ne sais pas encore pourquoi, cette scène m'a rendue très triste. On a montré à la dame ce qu'elle aurait à faire. — Les lits à fond tous les jours « en secouant bien les draps et les couvertures par la fenêtre » — et toutes les autres pièces de la maison.

Le jeune garçon Philippe — il faudrait que je me souvienne de ce prénom — a suivi, écouté. Il a le même air que Mélodie, lointain et tendre, lorsqu'elle réclame une caresse. J'ai ressenti en moi quelque chose d'indéfinissable... Je voudrais savoir comment il serait, s'il souriait et je pense confusément qu'il est un peu comme moi, exilé. J'ai décidé que quand je le verrai à nouveau, ce sera à moi de le rendre gai.

Il y a des nuits, et cela de plus en plus souvent, où je n'arrive pas à dormir, ou alors très tard vers le matin.

La maman de Clémence et Olivier me demande souvent en ce moment :

« Ama, tu as vu ces cernes que tu as sous les yeux. Qu'as-tu Ama ? Es-tu malade ? » Je réponds, mentant à chaque fois, que je vais bien.

En fait, ce n'est pas tout à fait vrai.

Quand on n'arrive pas à dormir, mille idées, images vous passent par la tête.

Il y a de nombreuses choses qui se bousculent en moi mais en trame de fond, pour moi, c'est toujours la même litanie qui revient... Pourquoi ? pourquoi la mort de mon petit frère ? Pourquoi tout cela, sur moi ?

Depuis quelque temps, je n'arrive même plus à pleurer...

J'aimerais tant que quelqu'un me prenne dans ses bras et me parle doucement.

J'aimerais tant.

***

A nouveau aujourd'hui j'ai envie de quitter Ville-d'Avray et d'aller voir ma petite sœur.

Je sais maintenant que si je ne demande pas la permission, que si j'y vais seule, cela peut être interprété comme une fugue.

Je suis sortie et j'ai commencé à marcher. Je me sens entraînée par des ondes méchantes. J'ai envie, je ne sais pas, de crier, d'insulter... Non pas vraiment cela, mais seulement d'être moins polie, moins bien élevée. J'ai ressenti, je ne sais pas pourquoi, malgré toute la gentillesse de Clémence et

d'Olivier, et de leurs parents, qu'à Ville-d'Avray l'affection
n'est pas chose due.

Mauvaise humeur, colère, caprices, rien de tout cela ne
m'est permis car je ne suis pas chez moi, parce que je dois
plaire. Je suis et je me force de l'être, sans cesse sur le
qui-vive, en alerte, tendue dans l'effort de ne pas déranger,
de séduire, dans le désir de me sentir appréciée et aimée.
Le pire pour moi est presque l'absence de réprimandes. On
me permet mes absences, mes silences : on me comprend.

Je voudrais me reposer, cesser cette surveillance épui-
sante de moi-même, ne plus jouer ce rôle de jeune fille déjà
grande et raisonnable.

Je n'en peux plus de jouer. Ce n'est pas un jeu, c'est
ma vie...

Je me suis assise sur un banc, juste un peu avant la sortie
du parc de Saint-Cloud, en direction de Boulogne.

Le parc est désert car c'est bientôt l'heure de la fer-
meture.

Un garde, à moto, est venu vers moi. Voyant que j'étais
étrangère, il ne m'adressa pas la parole mais me montra
la montre à son poignet en y tapotant plusieurs fois avec
son doigt.

Je devais avoir l'air furieux car il n'insista pas.

Je me suis rendu compte que la nuit allait tomber.

Je revis les scènes de ma précédente fugue, les yeux rougis
de Clémence et j'eus honte.

Je courus vers Ville-d'Avray, où personne ne me fit
de remarques.

_

Quelquefois, l'âme apaisée momentanément, je me dis que peut-être l'on ne me demande pas tant.

Peut-être les parents de Clémence et Olivier sont-ils prêts à m'aimer comme je suis ?

Ils sont bons, mais j'ai peur qu'ils me rejettent...

Ils m'ont « choisie », ils peuvent tout aussi bien me renier, et ma présence chez eux n'est pas naturelle.

Ce n'est pas « ma » famille.

Jamais, je n'ai osé dire à personne en parlant de Clémence et d'Olivier, « ma sœur », « mon frère ».

Et pourtant comme j'aimerais... Sorte de prolongation, de continuité, d'élargissement de ma propre famille.

Liens renoués avec le passé.

Un tout cohérent enfin reconstitué. Sentiment d'appartenance et de possession. Sécurité.

« Clémence, ma sœur »

« Olivier, mon frère »

« Je vous présente ma sœur... »

Parfois je me dis ces mots, tout bas dans le noir. Je divague et j'invente de petits scénarios où je présente à une personne inconnue, une seule et grande famille, un peu dispersée provisoirement, pour des raisons bêtes et pratiques. Je me raconte tout cela pour me rassurer, pour être certaine que ma présence à Ville-d'Avray n'est pas seulement un passage. Que je ne suis pas en transit. Que je ne suis pas une étrangère.

**

Je n'arrive pas à m'endormir et je ne sais pas pourquoi revient dans ma tête la voix de mon petit frère : « Je veux faire un « tou » de manège. »

L'angoisse, la tristesse montent par vagues, me submergent. Ame mouillée comme le sable mouillé quand la mer se retire. Vagues successives... Cela ne s'arrête pas.

Il fait nuit noire dans la chambre. Ce soir, toujours par pudeur, j'ai refusé d'aller dîner avec Clémence et Olivier et leurs parents chez leur tante, celle qui a les cheveux blancs et qui dit : « Je suis mariée à Dieu », quand on lui demande pourquoi elle n'est pas mariée.

Je pleure doucement puis viennent des sanglots.

Même bruit que la mer. Bruit régulier des vagues et déferlement des rouleaux.

Je me laisse glisser au pied du lit. J'aurais voulu me cacher, disparaître à tout jamais.

En cette minute même, j'aurais voulu mourir, ou réveiller toute la maison, allumer toutes les lumières, mettre très fort la musique, ouvrir le réfrigérateur, manger. Effacer le désespoir avec les gestes de la vie.

Mais ce soir la maison est vide. Et je suis seule.

*
**

Nous sommes allées voir ma sœur, dans la famille où elle est hébergée dans le quatorzième arrondissement.

C'est au neuvième étage d'une grande tour. Il n'y a d'ailleurs que des grandes tours dans cette partie de Paris.

Béton, géométrie, je me sens un peu écrasée. On voit à peine le ciel. La dame qui a pris en charge ma petite sœur nous attendait près de la loge de la concierge. Elle est un peu forte, n'a pas la beauté de la mère de Clémence, mais on sent chez elle une grande douceur et peut-être même une certaine humilité. L'appartement est bien rangé, et le plancher brille comme un sou neuf. Il y a une petite plante verte, les fauteuils sont recouverts de housses à fleurs, et il y a des patins en feutre à l'entrée.

On nous a dit : « Embrassez-vous les petites sœurs », et nous nous sommes embrassées, un peu forcées, car en fait en Asie on ne s'embrasse jamais pour se dire bonjour.

La dame a préparé des petits gâteaux, du thé et du jus d'orange.

L'atmosphère était un peu guindée. La maman de Clémence a dit :

« Oh ! Ama mange peu et je suis toujours un peu traumatisée. Je voudrais savoir faire des plats asiatiques, comme chez elle, mais j'ai beaucoup à apprendre... »

L'autre dame l'a interrompue :

« Vous savez, au quartier latin, près de Maubert, il y a un libre-service, tenu par des Chinois.

— Elle a fait la confusion entre Chinois et Indochinois — Ils vendent des plats tout préparés. Il y a même des cuiseuses de riz électriques. C'est formidable, il suffit de brancher et de respecter les proportions de riz et d'eau. Et on obtient un riz moelleux... »

Il y a eu une longue conversation sur les cuisines asiatique et française. Pendant ce temps Clémence me regardait et moi je regardais ma sœur. Je lui ai trouvé l'air triste et un peu maigre; on ne voyait que ses yeux dans son visage. J'avais envie de lui parler dans notre langue, de la faire rire, de lui dire : « Viens, on va faire une promenade ensemble... »

Mais j'ai eu le sentiment que cela ne se fait pas. Alors j'ai dit en français : « Est-ce que tu es contente de ton école ? » Elle eut l'air surpris et ses yeux me disaient : « Et toi es-tu heureuse ? Pourquoi ne sommes-nous pas ensemble ? Pourquoi me parles-tu en français ?... »

Elle mit longtemps à me répondre, faiblement :

« Oui, mon école est bien... »

Je savais qu'elle était la seule enfant dans cette famille qui l'avait recueillie, et je sentais confusément qu'elle devait être un peu malheureuse de ne pas vivre avec moi à Ville-d'Avray. Je sentais aussi mon impuissance. Que pouvais-je faire pour elle ? Clémence a dû remarquer quelque chose :

« Maman, dit-elle en s'adressant à sa mère, j'aimerais tant qu'on puisse faire un pique-nique avec Ama et sa sœur... »

La dame a répondu :

« Ce dimanche ce n'est pas possible car nous allons partir dans l'Yonne chez le père de mon mari... »

La maman de Clémence l'a regardée et a enchaîné :

« Cela sera pour une autre fois. De toute façon les beaux jours reviennent et on aura de nouvelles occasions. Il est temps que nous rejoignions notre banlieue et le périphérique est très encombré vers six heures... »

Nous sommes sorties. J'ai embrassé ma sœur et j'ai senti sa main qui cherchait la mienne.

Elle avait les yeux rougis par les larmes.

En fait, je n'avais pas beaucoup vu ma sœur. Et je me promis de lui écrire plus souvent.

.***.

La mère de Clémence nous a emmenées toutes les deux faire des courses. Elle a dit :

« C'est le moment de faire les soldes pour l'hiver prochain. »

J'étais mal à l'aise. C'était la première fois que je « voyais » la mère de Clémence dépenser de l'argent pour moi; c'était la première fois que je devais choisir, donner un avis, et je n'osais pas.

C'est très différent quand on vous donne quelque chose : cela vous est un peu imposé, on ne porte pas de responsabilité dans le choix, dans l'acte d'achat, dans le prix que ça coûte. J'avais envie de leur dire : « Je vous en prie, faites comme si je n'étais pas là, choisissez pour moi, cela sera très bien... »

Et puis tout à coup, sans que je sache exactement comment cela s'était fait, je me suis vue dans le miroir, et Clémence près de moi : elle avait les yeux brillants d'excitation; nous bavardions, elle riait, je souriais.

Ce pull-over trop grand qui lui cachait les genoux, c'était trop drôle ! et cette jupe à plis que je faisais virevolter. Je me suis trouvée jolie ! et la mère de Clémence qui nous demandait notre avis sur « ce petit ensemble si pratique pour tous les jours » en prenant des poses devant le miroir. Elle avait l'air d'une jeune fille !

J'aimais la voir si gaie et si jeune.

Je nous voyais agir toutes les trois, pour une fois, sans barrières entre nous, trois amies.

J'étais vraiment heureuse et consciente de l'être.

Au fond cela ne tient pas à grand-chose : la mode, la tentation, la fièvre d'acheter, l'atmosphère qui règne dans les magasins à l'époque des soldes. Projection vers l'avenir : « il va faire froid l'hiver prochain et il faut acheter des vêtements chauds ». Prétexte aux folies. Complicité. Promesse de confort douillet, de bonheur. Sécurité.

Nous sommes ressorties les bras chargés de paquets et nous avons bu un thé et mangé des gâteaux dans une pâtisserie au coin de la rue.

En rentrant à Ville-d'Avray, j'ai embrassé la mère de Clémence, très fort, pour la remercier de m'avoir donné, le temps d'un après-midi, goût aux futilités, à l'insouciance; mais aussi et surtout pour m'avoir donné cette grande joie de me sentir si proche d'elle et de Clémence.

IV

Ma sœur et moi-même nous avions traversé le Mékong cette nuit-là. Tout s'était passé dans le silence le plus total. Mon oncle avait chuchoté quelques phrases au pêcheur qui nous attendait dans la barque, puis lui avait remis une liasse de billets ainsi qu'un des bracelets de ma mère.

Le pêcheur nous fit coucher au fond de la barque et il jeta sur nous des filets et une bâche. Nous pouvions à peine respirer et l'odeur du poisson était insoutenable. Ma petite sœur tremblait et s'accrochait à moi.

Je n'eus pas le temps de dire au revoir à mon oncle. Je voulus lui dire aussi quelques mots pour ma mère, n'importe quoi, que je l'aimais par exemple...

Mais à peine nous fûmes sous la bâche que la barque s'éloigna de la rive. Je soulevai un coin de la bâche et tout ce que je vis fut le pêcheur lui-même presque couché sur les

rames et qui me fit un geste courroucé. Je vis la rive s'éloigner rapidement dans la nuit.

J'entends encore maintenant le bruit de l'eau, le bruit
assourdi des rames.

Tout cela a duré combien de temps ? Je ne l'ai pas su.

Je ne sais pas si c'était une heure, ou trois ou quatre.

Pendant tout ce temps je n'avais pas cessé de serrer
contre moi, ma petite sœur et de dire les deux phrases :
« Je vous salue Marie. Protégez ma mère... » jusqu'à
devenir aphone.

Je sais maintenant que lorsqu'on a peur, ou lorsque l'on
souffre, on ne peut pas prier comme il faut.

Ce n'est que lorsqu'on est en paix avec soi-même que
la prière se dit comme une poésie.

Ma prière, cette nuit-là, était un hurlement silencieux,
une croyance désespérée. Une prière ?

De temps à autre, le bruit des rames s'arrêtait et la
barque se laissait porter par le courant. Et tout au long de
ma nuit, sous la bâche, ma seule litanie fut : « Je vous salue
Marie. Protégez ma mère. » Litanie pour un adieu.

Un choc sourd. La barque immobilisée. La bâche que
l'on soulevait. Un petit matin blême. Des hommes en armes,
le pêcheur qui leur donnait de l'argent. Des sourires et le
pêcheur qui nous disait : « Allez, vous êtes prises en charge
par ces gardes-frontières. Bonne chance. »

En sortant de l'école cet après-midi, je suis allée au parc de Saint-Cloud. J'ai marché longtemps sans but, regardant les arbres, le haut des arbres et au-delà le ciel.

J'aime bien regarder le ciel comme cela, en levant la tête et en marchant. On ne voit plus que le vide du ciel et on oublie ses jambes, son corps.

On n'est plus que pensées.

J'ai coupé par des sentiers à travers les arbres.

J'ai coupé par des sentiers qui montent et qui descendent.

J'ai essayé de ne jamais quitter le ciel des yeux.

De temps en temps j'ai trébuché et je me suis surprise à penser que j'avais inventé un nouveau jeu dont il faudrait que je fasse part à Clémence et Olivier.

J'ai marché longtemps. A un moment, un homme m'a suivie et je me suis mise à courir.

J'ai marché longtemps, et quand je suis rentrée à Ville-d'Avray le ciel était encore clair mais je ne me suis pas rendu compte qu'il était déjà presque neuf heures du soir.

La mère de Clémence m'attendait dans le salon. Elle fut sévère : « Ama, nous sommes responsables de toi aux yeux de la loi — J'ai beaucoup de travail et je ne peux pas passer mon temps à te chercher dans les rues. — Tu as des devoirs à faire et je t'avais dit qu'il faut être ici au plus tard à sept heures. »

Je n'ai rien répondu car je suis sûre qu'elle n'aurait pas compris. J'avais envie d'être seule, de regarder le ciel, pour m'oublier. D'ailleurs moi-même je ne sais plus très bien, je ne me comprends plus très bien. Envie de non-existence. Envie de rejoindre les miens. Mais où ?

Alors je regarde le ciel. Et le ciel est vide.

Clémence m'a prise par la main et a murmuré :

« Vas vite te changer et te mettre en pyjama... »

Puis quand nous fûmes dans notre chambre, elle ajouta :
« Tu sais, maman t'a grondée mais c'est parce qu'elle s'est
inquiétée pendant deux heures.

Ama, de temps en temps, la nuit, je t'entends pleurer.
Dis-moi ce que je peux faire pour t'aider ? Veux-tu que je
demande à maman qu'on invite ta petite sœur à venir passer
le week-end avec nous ? » Quand je lui ai dit : « Oui, merci »,
je crois que nous avions toutes les deux les larmes aux yeux.

*
* *

J'aimerais tant pouvoir parler à quelqu'un, me confier
à quelqu'un, à Clémence, à sa mère... Je me suis toujours
dit qu'il faudrait que je leur parle un jour. Puis par orgueil
ou par pudeur je me suis tue.

Alors il ne me reste plus que les feuilles blanches d'un
cahier d'écolière.

J'aimerais trouver quelqu'un pour me dire qu'il faut
croire dans la vie, malgré tout, que tout pourra revenir, même
si tout s'est perdu, qu'il faut savoir attendre alors que l'on
est en pleine errance.

J'ai encore envie que l'on me prenne par la main, que
l'on me caresse les cheveux. J'ai envie de poser ma joue sur
l'épaule d'une grande personne, de l'écouter me parler doucement. J'aimerais tant retrouver les cheveux de ma mère

sur mon visage, ressentir encore une fois le bonheur d'être une petite fille que l'on berce.

J'aimerais revenir vers un de ces soirs d'été où toute la famille se retrouvait dans la fraîcheur de la cour, avec pour seule lumière celle de la lune, pour seul bruit celui de nos voix, pour seule joie celle d'être ensemble.

Nous parlions peu si ce n'est des choses simples de la vie... l'orage d'hier, la promenade de demain vers le lac, la nouvelle tunique de ma mère... quelquefois des rires que l'on ne prolongeait point pour mieux goûter le calme de la nuit. J'aimerais tant.

Mais je suis dans la nuit et l'aube tarde à venir, une aube dont je ne suis plus sûre.

Chaque histoire a une fin mais la mienne est comme un disque rayé au dernier sillon. Temps mort.

Et pourtant j'aimerais tant.

Mais j'ai peur, peur de la chaleur de mon cœur que je sens s'amenuiser, peur de mon vide, peur de ne plus aimer le vent, les mouettes et le bruit de la mer.

Mon histoire a peu de début et n'en est déjà plus une. Tout s'étiole et le temps ne marque plus.

Dieu, et pourtant j'aimerais tant.

J'ai perdu aujourd'hui les deux pièces de dix francs économisées sur mon argent de poche.

Je voulais acheter des friandises pour les offrir à ma petite sœur que je verrai ce week-end. Je voulais aussi acheter quelque chose, je ne sais pas quoi, pour Philippe, le fils de la femme de ménage. J'ai ressenti une profonde injustice, la même que celle que j'avais eue, quand après avoir traversé le fleuve, des soldats m'avaient volé les bijoux de ma mère que je portais sur moi.

Cela eut lieu le matin même de notre arrivée lorsque les gardes-frontières nous avaient recueillies.

La première phrase que j'entendis fut : « Il faut les fouiller car les communistes utilisent souvent les enfants pour porter des armes ou des messages. »

Le soldat à qui fut donné l'ordre de nous fouiller était un homme qui devait avoir l'âge de mon père. Il avait un air bon et me dit : « Toi et ta petite sœur, vous devriez vider vos poches et mettre sur cette table tout ce que vous portez sur vous. Ne crains rien on te rendra tes affaires. »

J'avais peur, faim et soif. Ce fut ainsi que je sortis la ceinture où se trouvait le reste des bijoux de ma mère. Dès qu'il vit les bijoux, le chef du poste les prit tout en me disant : « L'importation de l'or est interdite. On va te les confisquer et on te dira plus tard ce qui sera décidé. »

Je sus tout de suite que je ne les reverrai plus. Et j'entendis à nouveau la phrase de ma mère « tu portes sur toi tout notre argent ainsi que tous nos bijoux... je ne crois pas qu'ils fouilleront les enfants. »

L'eau et le pain que l'on me donna ensuite avaient un goût amer dans ma bouche, malgré ma soif et ma faim.

Ces hommes aussi, je les ai haïs.

On nous dirigea ensuite sur un camp pas très loin du fleuve où je retrouvais d'autres compatriotes, réfugiés comme moi. En peu de temps j'appris ce que pouvait être la haine, la rage du faible devant l'injustice.

De tout ce que m'avait confié ma mère, je n'ai pu garder que l'écharpe transformée en ceinture avec des poches, toutes vides sauf une. Mais elle ne contenait ni argent ni bijoux, seulement deux lettres, une de l'écriture de ma mère, l'autre de celle de mon père, et une vieille photo maintenant un peu jaunie par le temps.

La photo était prise sur une terrasse et on voyait derrière la mer. On y voyait également mon père et ma mère se regardant dans les yeux.

Je regarde souvent la photo, la seule et unique photo de mes parents et à chaque fois je repense à une étrange légende que mon pauvre père se plaisait à raconter...

C'est bien loin d'ici, dans une petite île du Pacifique, peuplée de pêcheurs...

De temps en temps, est-ce tous les trois ans, ou est-ce tous les dix ans, on ne se le rappelle plus très bien, un matin, un peu avant le lever du soleil, la mer et le ciel, tout devient blanc, brillant et doux.

Alors quelques hommes, souvent aussi des femmes, prennent leur barque et rament vers le large, vers la lumière blanche du large. Jamais aucun d'entre eux n'est revenu pour raconter ce qu'ils ont vu. Ceux qui restent disent que c'est parce que ces hommes et ces femmes ont souffert qu'il vont rechercher au loin un peu de paix et de bonheur.

Seules quelques très vieilles personnes prétendent qu'au contraire, ceux qui partent ainsi ont trouvé et connu le bonheur sur terre.

... C'est vrai qu'aucun d'eux n'est revenu et pourtant, ces jours-là, la mer a toujours été calme.

Reflets de vérité ?...

C'est curieux que je repense souvent en ce moment à cette légende. Une espèce de vertige... l'appel du large... partir... mais où ? J'ai un peu peur de moi-même, de ce vide qui quelquefois m'emplit tout entière.

Et aujourd'hui, c'est la première fois, sur ce cahier d'écolier que j'ai envie d'écrire quelque chose avec un peu d'espoir. Peut-être parce que je suis en train de penser à Philippe. Ou peut-être parce que je veux replonger dans mon enfance.

... Depuis ma tendre enfance je n'ai aimé que les chevaux et la mer.

Mon amour — mais quel amour ? — peut-être ma fin d'errance. Je prendrai pour toi la fleur d'en haut, au grand air ; je prendrai le nuage le plus tendre pour en faire un nid d'oiseau, sur notre terre.

Je prendrai...

Mais peut-on toujours prendre ?

*
* *

Très tôt, le lendemain de notre arrivée au camp, en Thaïlande, j'étais allée sur le bord de l'eau, pour attendre mes parents, mon autre frère et mon oncle.

En fait nous les avions attendus, ma sœur et moi toute la première journée à la porte du camp, observant la route. Il n'y avait que le soleil sur la route et la poussière soulevée de temps en temps par le vent.

A force de regarder, on se met à imaginer des ombres, mais les ombres disparaissent sous le soleil, sous le ciel vide.

A la nuit tombée, j'avais ramené ma petite sœur dans le baraquement et après lui avoir cherché à manger, j'étais retournée à la porte du camp.

J'avais attendu tard dans la nuit. Longtemps. C'est là que j'avais pris la décision d'aller sur la rivière le lendemain.

J'avais regardé l'eau de la rivière et au-delà, la rive que l'on devinait. Il y avait de plus en plus de taches sombres en dérive... Corps en dérive ?

**
*

J'avais regardé ainsi des jours et des jours l'eau de la rivière mais elle avait d'étranges couleurs, un peu la couleur rouille des feuilles d'automne, parfois un éclair argenté tellement vif qu'on en restait saisi...

**
*

Je ne connais aucun homme qui ressemble à mon père...

Je regarde, je cherche et nulle part, nulle part je ne le retrouve. J'en parle très peu.

Une fois à l'école de Ville-d'Avray, une psychologue m'a dit voyant que je pleure quand je parle de lui : « Oui tu aimes ton père... », avec un air vague, des phrases vagues que je ne comprends pas. Elle a parlé de « stress », de « traumatisme ».

Pourquoi ne peut-on pas aimer simplement son père ?

Comme les mots des psychologues me semblent étrangers ! Peut-être n'ont-ils jamais connu de sourire, véritablement doux, bon... Mon père, je crois, était en dehors de tout, ne disait jamais de mal de personne. La seule parole forte que je me rappelle de lui était : « Cette personne n'est pas quelqu'un de bonne compagnie... » Mon père était simple, honnête, rigoureux même en ce qui concernait sa vie toute fondée sur un genre d'amour universel...

Je crois qu'il a beaucoup été déçu. Dans son cœur, dans son esprit. Il était gai, s'amusait d'un rien, puis peu à peu lorsque la guerre s'amplifiait, il ne s'amusait plus que de ses propres plaisanteries. Il savait pourtant se faire respecter. On lui obéissait, non par crainte, mais parce qu'on l'aimait tous.

Il dormait toujours, et cela m'avait souvent frappée, quand je venais les embrasser, ma mère et lui dans leur chambre, il dormait toujours avec une jambe à l'extérieur, celle près du bord du lit, dénudée jusqu'à la cuisse.

Moi, quand je dors, je me fais un petit nid, bien enfouie

sous les draps et il me semblait que dormir comme il le
faisait n'était pas douillet.

Cela m'intriguait.

Un jour je lui avais posé la question. Il avait répondu
qu'il ne savait pas. Il rit et me dit d'aller me coucher et
juste comme je sortais, il me cria : « C'est pour être prêt à
sauter du lit, à me battre... c'est pour être prêt à vous défendre ! Es-tu contente mon Ama ? »

J'étais sceptique. Je ne l'avais jamais vu agressif envers
quiconque. Il aimait, il aspirait à la paix. Il avait su, bon
gré, mal gré, en donnant beaucoup de lui-même, la créer
autour de lui.

Mais il était d'ailleurs.

Je me souviens de son sourire, de sa tendresse et avec lui
les choses les plus graves devenaient toutes simples.

Il était d'ailleurs mais il était là, et pour moi tellement
présent. Souvent, il avait l'air triste, perdu, mais jamais il
ne parlait de ses soucis.

A sa manière, il était seul, désespérément seul.

« Père, je me souviens de ton sourire, le dernier, juste
avant notre séparation quand tu partis dans la forêt.

Il m'a aidée souvent, tu sais.

Où que tu sois, je sens que tu es avec moi.

Un jour, et je t'en ai voulu longtemps pour ce geste,
tu m'as giflée. Si fort que je suis tombée par terre.

Je t'ai crié que je te détestais.

Nous avions, tu dois te le rappeler, ce soir-là, la permission d'aller nous promener, tous les enfants et nos petits
amis, dans la campagne.

C'était l'été. Nous chantions, nous jouions à mille jeux et l'heure passait tandis que, sans que nous nous préoccupions de rien d'autre que de la lune, de l'odeur des herbes, et du mystère de la nuit qui amplifiait les histoires de fantômes que nous nous racontions, tu nous attendais, père anxieux et inquiet. Mais cela, je ne l'ai compris que plus tard.

J'étais la première à revenir sur ce chemin de terre, qui menait à notre maison. Je fus la seule punie...

Les autres, les petits amis m'ont dit le lendemain : « Ton père a l'air très sévère. Tu ne dois pas rire tous les jours... »

J'ai cru, longtemps, longtemps, que tu étais sévère, ou indifférent. Aujourd'hui, je regrette tellement, tellement de ne pas avoir été plus grande, lorsque nous vivions ensemble, pour te parler, pour te comprendre.

Je regrette tellement, père, de n'avoir pas osé venir déranger tes instants de « méditations » où tu étais si seul. D'avoir si peu dit que je t'aimais.

Aujourd'hui je regrette tellement, tellement de t'avoir si peu connu, de t'avoir si peu parlé, de t'avoir si peu aidé.

Père, je me souviens de ton sourire, le dernier que j'ai vu. Si doux, si bon, si égaré, mais si fort malgré tout. De cette force que je ne vois nulle part, qui vient de l'intérieur, d'ailleurs et qui rassure.

Tu m'as dit : «A très bientôt, mon Ama, sois courageuse.» Depuis, depuis, j'essaie de l'être.

Mon Dieu que tu me manques.

*
**

Je rêve souvent de mon père. Peu à peu, à force de me redire ses paroles, à force de revoir ses gestes, la façon dont il parlait aux gens... peu à peu, il me semble le connaître et lorsque j'écoute parler les autres, je sais ce qu'il aurait dit.

Comme de plus haut, d'ailleurs.

Comme un oiseau, léger et fragile, prêtant une oreille distraite au monde vaniteux.

Souvent aussi, je me demande ce qu'il m'aurait conseillé de faire.

Mais il n'ordonnait ni n'interdisait jamais.

Alors je ne sais pas.

Je voudrais que les enfants que, plus tard je mettrai au monde, aient un père longtemps, très longtemps. Plus longtemps que moi...

*
**

A Ville-d'Avray, la vie s'est organisée de plus en plus, avec ma présence.

Le papa de Clémence et Olivier voyage beaucoup.

A chaque retour, il y a un petit cadeau pour nous trois.

A chaque retour, il nous prend sur ses genoux, nous parle des « chantiers qui marchent bien », « des pays où il nous emmènera un jour ».

Il a une voix très douce : « Avez-vous été gentils avec maman ? Et à votre école ? »

Il a l'air pourtant si fatigué.

V

Quand je vois la vie en France, surtout celle des enfants, je ressens en moi une certaine jalousie... Tant de bien-être, tant de bonheur...

Je regarde les titres des journaux « Sécheresse au Sahel. Hommes et bêtes meurent » et je pense aux enfants, qui ont moins de résistance que les hommes, que les bêtes... que deviennent-ils ?

On ne pense jamais assez aux enfants.

Je nous revois, ma sœur et moi dans le camp en Thaïlande. C'était, nous avait-on dit, d'anciens baraquements de soldats américains. Nous étions entassés à huit dans ces cages.

Les baraquements étaient en tôle et dans la journée la chaleur devenait parfois insupportable. Par contre la nuit, il y faisait froid. Dans chaque chambre, il y avait deux

rangées de quatre lits superposés et nous avions été mises
ma sœur et moi avec une autre famille de réfugiés, un couple
de gens assez âgés avec deux grands garçons et le grand-
père.

Ils toussaient beaucoup tous, et avaient l'air bien malades.
Leur toux nous réveillait souvent la nuit et alors ma petite
sœur sursautait et du lit au-dessous du mien, cherchait ma
main. Puis elle me demandait :

« Dis où est maman ? »

Je ne savais que répondre. Alors je lui disais : « Dors
petite sœur. Elle viendra peut-être demain... »

Alors les gens qui étaient avec nous toussaient encore plus
fort et quelquefois nous réprimandaient : « C'est fini les
bavardages ? »

Nous restâmes longtemps dans le camp. Presque un an ?
Vers la fin, c'était la période de la mousson. Des jours entiers,
des nuits entières la pluie roulait comme un tambour sur le
toit de tôle.

Assises sur le lit, et regardant par la lucarne de la
baraque, nous guettions ma sœur et moi nos parents, notre
frère, notre oncle. Même pour aller manger dans le réfec-
toire commun, nous nous relayions de peur de les manquer.

Le chef de camp m'avait interdit de retourner sur le
bord du fleuve. Alors quelquefois, même sous la pluie, nous
allions jusqu'à la porte du camp, et nous regardions la route.

*⁂

Tout à l'heure, en montant dans notre chambre à Clémence et à moi-même, j'avais oublié de frapper avant d'entrer.

J'ai vu Clémence agenouillée près de son lit, la tête posée sur celui-ci. J'ai fait : « Oh, pardon » et j'ai voulu ressortir.

J'ai vu Clémence rougir, puis elle dit : « Cela ne fait rien... j'étais... j'étais en train de faire une petite prière... »

« Tu sais » lui ai-je répondu : « C'est bien de pouvoir prier, je ne sais plus, je ne sais plus très bien prier... et pourtant je le voudrais tant; je pense que cela me fera du bien de pouvoir prier un peu. »

Elle est venue vers moi, a fermé la porte et me dit de m'asseoir à côté d'elle sur le lit.

Clémence a l'habitude de passer ses doigts sur ses lèvres quand elle est perplexe. Au bout d'un certain temps, elle dit très vite comme si elle avait pris son élan :

« Tu te rappelles l'histoire qu'a racontée mon papa hier, à table. Tu te rappelles, il nous a dit que c'était en Afrique... »

Je me rappelle bien l'histoire qu'il a racontée.

C'était du temps où le père de Clémence était jeune ingénieur. Un jour au volant d'une voiture de location, il traversait une longue piste dans un paysage brûlé, de savane et de pierre. Arrivé au bourg, il voulut s'installer à la table d'un café pour se restaurer mais devant la crasse et les mouches, il préféra acheter un sandwich et un melon pour pique-niquer plus loin au soleil.

Alors qu'il commençait à manger, il avait vu trois enfants sortir de quelques cahutes que l'on apercevait au loin.

Ils vinrent sans rien dire, et le regardèrent manger. Il nous a dit qu'il avait eu un geste d'énervement, dérangé dans sa solitude, et ne put finir son sandwich. Quand il se leva pour aller chercher le melon dans la voiture, les gosses eurent peur et reculèrent de quelques pas. Il a dit que le regard interrogateur qu'ils lui jetèrent était pour lui plus qu'un reproche.

Il prit le melon et le leur donna ainsi que le reste du sandwich... Il se rappelle avoir mis la bouteille d'eau près d'un rocher avant de partir, un peu précipitamment.

Je revois la scène au fur et à mesure, puis tout à coup la voix de Clémence s'est faite plus basse :

« Tu vois, Ama, j'ai prié car j'ai repensé à cette histoire. Je disais simplement au Bon Dieu que je voudrais faire quelque chose pour les enfants qui ont faim, mais tu sais, je ne sais pas quoi faire. »

*
**

Depuis quelques jours, Paris est en pleine période d'élections. Paris défiguré par les affiches, souillé de slogans. Paris triste malgré le soleil d'avril.

Au hasard des murs largement atteints par la lèpre des affiches, j'ai vu une phrase horrible écrite en noir, comme un faire-part de deuil, et qui attire l'attention : « Laissez-les vivre. »

L'avortement est devenu un sujet à sensation pour toute la presse. Il y a les pour, les contre, les « oui, mais », les

« non, parce que ». Je ne sais pas très bien tout ce que cela représente et encore une fois j'aurais aimé avoir quelqu'un à qui en parler.

Tout ce que je ressens, est que ce n'est certainement pas un motif d'exhibition comme les gens le font actuellement. Et je me rappelle mon père, la pudeur qu'il avait pour parler de certaines choses...

Quand il m'arrive maintenant de rentrer dans Paris, j'ai un peu peur. Après Ville-d'Avray, après le parc de Saint-Cloud, c'est un peu comme un autre univers.

J'ai vu également deux autres affiches presque collées côte à côte. Sur l'une, il y a une belle assiette pleine de boulettes de viande, dorées à souhait. C'est un repas pour les chiens. Si je ne me trompe pas, c'était marqué : « Les chiens ne vont pas en croire leurs yeux ». Un peu plus loin, une affiche — est-ce de l'U.N.I.C.E.F. ? — représentant un bébé noir, tellement maigre que l'on ne voit que sa tête.

Les bras et les jambes repliés, en fœtus, gros comme des allumettes. C'était écrit : « Aidez-les ».

Pourquoi les adultes peuvent-ils accepter de telles choses ?

Dans mon pays, les animaux mangent ce que les hommes laissent et je crois qu'ils ne sont pas plus malheureux.

J'admire la mère de Clémence et d'Olivier. Elle n'achète pas de boîtes, ni de viande exprès pour Mélodie. Mélodie mange ce que nous laissons.

*
**

Un soir, à Ville-d'Avray, juste avant le repas, nous étions tous, pour une fois, réunis ensemble et regardant la télévision. Nous aimons bien tous regarder la télévision assis par terre. C'était les actualités. Il y a avait une interview de l'ambassadeur représentant mon pays en France. Il disait :

« Notre nation est maintenant réunifiée et nous formons un seul peuple. Nous sommes tous frères. Bien sûr il y a quelques groupes de gens qui se sont fourvoyés et qu'il convient de rééduquer. Mais la justice de notre gouvernement est bonne pour eux... »

J'avais retenu les termes de justice et de bonté, et au moment où on se mettait à table, je me suis adressée au papa de Clémence et Olivier :

« Je voudrais écrire à ce Monsieur, à cet ambassadeur pour lui demander des nouvelles de mes parents et de mon frère. Pensez-vous que cela soit possible ? »

Il y eut un petit silence. Clémence dit :

« Mettons-nous d'abord à table. » Puis son père ajouta :

« Tu as raison Ama. Tu peux lui écrire une lettre. Ecris-lui ce que tu ressens exactement. Je t'aiderai pour les formules de politesse. Je crois que cela pourra être utile. Tu me donneras la lettre, je me charge de la faire parvenir à l'ambassade de ton pays. Puis je garderai une photocopie pour toi. »

Je relis aujourd'hui cette lettre à laquelle je n'ai jamais eu de réponse.

Monsieur l'Ambassadeur,

Je m'appelle Ama N... et je suis la fille aînée de Monsieur... et Madame...

Mon père était professeur à l'université de...

Une nuit, il y a bien de cela deux à trois ans, je ne sais plus très bien, nous avons quitté la ville pour traverser le fleuve..

Mon dernier frère, le plus petit (nous sommes deux sœurs et deux frères) mourut avant que nous ne traversions le fleuve, tué par les balles des soldats qui nous poursuivaient.

Je suis maintenant en France avec ma sœur et j'ignore le sort de mes parents et de mon autre frère, qui n'ont pas pu, je le crois, quitter le pays.

J'ai quatorze ans et je ne connais rien à la politique.

Je sais simplement que mon père et ma mère ont toujours été des gens justes et bons.

Je sollicite (ce mot m'a été soufflé par le père de Clémence) votre aide pour avoir seulement des nouvelles d'eux.

Vous avez dit que votre gouvernement est juste et bon et c'est cela qui m'a incitée à vous écrire.

Je vous prie de croire à mes sentiments respectueux. (Cette phrase aussi est du père de Clémence.)

Je n'ai jamais eu de réponse. Peut-être la lettre s'est-elle perdue... Peut-être que l'angoisse d'une petite fille est si peu de chose dans la vie d'un ambassadeur...

*
**

Cette lettre que j'ai écrite et qui a représenté pour moi des semaines d'espoir — chaque fois que je rentrais de l'école je regardais sur la cheminée du salon s'il y avait du courrier pour moi — cette lettre est pour moi maintenant un peu un symbole. C'est ce que j'ai fait pour mes parents.

Je garde la photocopie que m'a donnée le père de Clémence avec les deux autres lettres, que j'ai trouvées dans la pochette où ma mère avait mis ses bijoux lorsqu'elle me les avait confiés. Avec la photo jaunie, c'était les seules choses que l'on m'avait rendues en Thaïlande, lorsque l'on m'avait confisqué les bijoux. Je les relis souvent. Je ne comprends pas tout, sauf que mes parents s'aimaient profondément.

L'écriture de ma mère est fine, un peu penchée.

« Mon Amour,

Je t'aime. Non rien ne peut nous séparer. Rien. Je me sens liée à toi par toutes les fibres de mon cœur et de mon corps, et il me semble que plus j'avance vers toi, plus je me rapproche d'une vérité que je ne pourrai jamais définir mais qui correspond à ce que je recherche.

Mon Amour tu me donnes tout.

Je suis faite de toi.

Soyons courageux. Notre vie sera encore semée de peine, de joies. Comme toute vie. Mais nous avons une richesse en plus. Ce soir je suis triste et heureuse. Notre petit bébé viendra bientôt.

Dieu le voudra bien.

Aimons plus que jamais. Dieu nous veut forts. Devant les autres, devant nous-mêmes.

Pour nous deux.

Mon Amour, je suis à toi et à lui.

C'est la même chose...

Je ne sais, mon Amour, ce que nous deviendrons. Je ne sais comment seront nos cœurs dans un an, dans cinq ans,

dans dix jours. Je sens simplement que tout ce qui aurait
dû, ou aurait pu nous éloigner l'un de l'autre, nous a réunis
encore plus étroitement et que notre amour veut vivre...

Envers et contre tout.

A chaque jour sa peine, à chaque jour sa joie.

Je t'aime.

Tiens bien ma main, ne t'éloigne pas une seconde — ouvre grand ton cœur — ton âme — viens vers moi — je
n'attends que toi du plus profond de moi.

Nous dormirons ensemble... nous dormirons ensemble
quelque part... Un jour, les passions et peines seront dépas-
sées. Les saisons aussi. Mais nous aurons rêvé ensemble et
c'est le temps que nous passerons à croire à notre rêve qui le
rendra si important, qui le rendra vivant.

Je savais, lorsque je t'ai connu, mon envol vers une île
perdue... Les yeux ouverts, j'ai quitté mon désert, le sable
s'est soulevé... Je sais maintenant que nous volons ensemble.
Tes ailes sont plus lourdes, plus grandes aussi.

Mais tu me soutenais en plein ciel, entre le soleil et les
rochers, que le vent nous aide ou soit contre nous...

Et c'est beau de voler vers un ailleurs. C'est peut-être
uniquement cela le bonheur.

Voler quelque part. A deux.

Et d'attendre, confiants, les couchers de soleil, sur une
île que l'on a espérée, construite, fleurie, ou simplement
rêvée. L'important c'est d'avoir le même rêve, ou le vivre
ensemble. Chacune de nos pensées, chacun de nos actes, est
un battement d'aile qui nous rapproche ou nous éloigne l'un
de l'autre. Et je prie Dieu, ou Bouddha... pour que notre vol

soit toujours harmonieux et que nous soyons toujours de
la même étoffe — que nos rêves. Je crois en notre île... Elle
est en nous. Je veux croire en nous, en notre volonté d'y
parvenir, en notre force.

Et rien n'empêche que cette île ait existé dans nos cœurs.
Et si tu t'éloignes, ou si c'est moi, nous devons savoir que
nous ne sommes que des humains.

Mais c'est déjà très beau, malgré tout, de tenter.

Je t'aime oiseau fou. »

*
**

A la lettre de ma mère étaient jointes deux ou trois
phrases de mon père, à l'écriture forte et enfantine à la fois :

« Soleil tournoie au-dessus de moi,
En grandes larmes de lumière
Amour et vent, même prière
Veux-tu me donner
Ta main pour guide en cette forêt,
Et me conduire parmi les blés
Du jardin du fond de l'été ?
Viens près de moi me consoler
Ensemble nous allons rêver
Nous évader — nous envoler. »

*
**

C'est curieux, je ne peux me souvenir combien de temps je suis restée dans le camp en Thaïlande.

Deux mois... quatre ou vingt mois, je ne le sais plus très bien. En fait, je crois que lorsque l'on souffre énormément, le temps qui passe ne joue plus, ne compte plus. Dans le souvenir, seule reste la souffrance vécue, dépouillée du cortège des actions quotidiennes.

Je ne me rappelle plus très bien ce que furent les jours et les jours dans ce camp.

Sauf quelques pleurs, mon attente, mon angoisse. Puis un ou deux faits, événements, chocs, qui restent dans ma mémoire et qui me permettent de dire que j'ai bien vécu comme cela, que tout cela ne fut pas un rêve.

Je me rappelle, un jour la dame dans la même baraque que nous gifla ma petite sœur qui pleurait trop fortement...

Je me rappelle aussi l'arrivée de mon oncle au camp.

Pourtant nous guettions chaque jour une arrivée possible de la famille et le soir, quelquefois la nuit, je tournais autour du poste de garde à l'entrée, faisant semblant de me promener... En fait toujours pour attendre.

Puis un après-midi, un des gardes du camp, vint dans notre baraque et me dit :

« Il y a un vieux monsieur à l'infirmerie. On l'a amené en ambulance hier au soir du poste sur le fleuve.

Il réclame deux petites filles. Peut-être que c'est pour vous ? Allez-y. »

Nous avons couru à perdre haleine de la baraque à l'infirmerie. Ma petite sœur qui n'était pas très vaillante en ce temps-là criait en courant derrière moi : « Si c'est notre oncle, où sont papa et maman ? Et mon frère ? »

Je me rappelle avoir couru encore plus vite pour ne pas avoir à répondre. Quand nous pénétrâmes dans la grande case qui servait d'infirmerie nous avons vu que c'était bien notre oncle.

Il était émacié, ses beaux cheveux blancs devenus crasseux. Un grand bandage enserrait sa poitrine.

Il ouvrit les yeux en nous voyant. Sa voix était faible :

« Ama, Ama, je les ai cherchés. Je les ai cherchés, longtemps. Puis, hier, sur le bord du fleuve, de l'autre côté, je les cherchais encore. Tu te rappelles c'est moi qui avais l'autre moitié de l'argent. Puis les hommes en noir m'ont vu. Ils ont tiré. J'ai sauté dans l'eau. Ils ont encore tiré... C'est tout ce que je me rappelle... Le courant a dû me déposer sur la berge ici, de ce côté...

Ama — et sa voix devint plus faible — Il faut me croire — Je les ai cherchés — Je les ai cherchés longtemps... Il faut me croire... »

L'infirmier de garde nous fit sortir en nous disant :

« Il est très sérieusement blessé. Revenez demain. Revenez demain, laissez-le se reposer. »

VI

Mon oncle ne resta pas beaucoup de temps au camp.

Très vite les gens l'avaient sorti de l'infirmerie pour le mettre dans une petite cabane bien éloignée des baraquements. Il y avait juste un lit et une petite table de chevet en fer.

La porte était tremblante et la fenêtre minuscule sans vitre. On nous avait dit : « Comme cela vous pourrez venir le voir quand vous voulez. De toute façon le médecin viendra le voir une fois tous les deux jours. D'ailleurs on va le choyer. » Et les gens avaient mis dans la cabane des tubes de lait condensé, quelques biscuits; suprême luxe, il y avait même quelques oranges. J'avais demandé plusieurs fois au chef du camp : « Mais pourquoi ne le gardez-vous pas à l'infirmerie ? » et la réponse arrivait, toujours la même, sans appel : « Nous n'avons pas assez de place... »

Mon oncle avait le torse entouré de bandages et on voyait qu'il continuait à saigner. Il parlait avec difficulté, par petites phrases et l'effort devait être tel qu'il fermait les yeux pour qu'on ne le voit pas souffrir.

Il avait dit : « Ama, ce monsieur a raison. D'ailleurs je serai plus tranquille tout seul... »

Nous l'avions installé tant bien que mal. J'avais rapporté dans la cabane l'oreiller de mon lit pour mieux l'adosser contre le mur, dans la journée. J'avais mis aussi deux piles de briques par terre et avec une planche, fait un banc pour que ma sœur et moi-même nous puissions nous asseoir, dans la journée.

Les provisions qu'on lui avait données furent mises sous le lit à la suite d'une remarque du chef de camp :

« Faites attention, il y a quand même quelques voyous qui volent... surtout le lait condensé... »

Quelques journées se passèrent ainsi. Sauf pour les repas, — il fallait aller faire la queue à la distribution — nous restions ma sœur et moi dans la cahute, pour veiller mon oncle. Il arrivait à peine à bouger, à parler, et c'était surtout vers le soir que l'angoisse nous saisissait. La cabane, comme dans les baraquements, n'avait pas l'électricité.

Alors de temps à autre, les soirs dans la pénombre, comme je n'arrivais pas à le voir, je lui demandais :

« Oncle, est-ce que ça va ?... » Et faiblement, de loin venait la réponse : « Oui, Ama... » En même temps, j'avais peur de le fatiguer en l'interrogeant ainsi; alors j'essayais d'écouter son souffle.

La chose la plus atroce chez un blessé est ce souffle saccadé suivi d'interminables moments de calme profond où la respiration est presque inaudible.

***

Un soir après avoir ramené ma sœur dans le baraquement et l'avoir mise au lit, instinct prémonitoire peut-être, j'avais décidé de revenir vers la cabane.

La porte était ouverte et je vis des ombres près du lit de mon oncle.

J'avais couru aussi vite que je pouvais vers la cabane et en arrivant près de la porte, malgré le bruit du vent ce soir-là, j'entendis distinctement :

« Dis-nous où tu caches tes aliments. On sait que tu en as ! Allons dis-le-nous ! Tu vas crever, alors tu n'en as plus besoin ! »

Les ombres des deux individus étaient démesurées et étant donnés la pénombre, le vent, l'éloignement de la cabane, ou peut-être était-ce tout simplement la peur, quasi-physique des enfants dans le noir de la nuit, je restai paralysée sur place. Je voulus crier, appeler au secours mais aucun son ne sortit de ma bouche. Je vis ou plutôt devinai mon oncle qui essayait de bouger le bras. Sa main agrippa l'oreiller, farfouilla et ressortit avec quelques vieux billets froissés.

Il les tendit aux individus; la voix implorante il dit :

« Prenez-les; laissez-moi mes provisions, c'est aussi pour mes nièces qui sont dans le camp... »

Le vent s'arrêta et une allumette craqua, éclairant quelques instants les billets de banque froissés.

Un rire sardonique et une voix éraillée :

« Tu nous prends pour des idiots ! Ce sont des billets de banque de l'autre côté de la frontière ! »

A ce moment, une des ombres plongea sous le lit et un cri assourdi de triomphe s'échappa :

« Voilà ses provisions. Du lait ! Tu te rends compte ! Monsieur ne se prive de rien !... »

J'avais envie de hurler, d'injurier mais sa voix m'arrêta; elle était basse et résignée :

« Cela ne fait rien Ama, demain il fera jour. Demain j'aurai des oranges... même un peu de lait chaud... Maintenant j'ai froid... froid... »

A ce moment-là une coulée de vent plus forte s'engouffra dans la pièce par la porte et en me retournant je vis ma petite sœur. Elle était encore à moitié endormie :

« Oh ! Je savais bien que tu étais ici... J'ai toussé et les autres personnes dans le baraquement n'ont pas été très contentes... » Puis s'adressant à mon oncle : « Oh ! Pardonne-moi je t'ai réveillé ? »

Mon oncle avec beaucoup d'efforts leva la main pour nous faire signe de nous approcher :

« Venez mes enfants, venez près de moi... Je ne peux pas parler fort et j'ai froid... froid. »

*
**

Appeler par les yeux, la main tendue avec la paume ouverte, comme pour donner. La main est immobile et seuls les yeux parlent. Je voudrais très souvent, le plus souvent possible parler avec mes yeux. La parole trahit trop.

Comprendre les gens, se faire comprendre, aimer par les yeux...

C'est curieux ce geste de lever la main pour appeler, tout en appelant des yeux... Le père de Clémence et d'Olivier, quelquefois, a le même geste.

Il a ce geste pour appeler ses enfants mais depuis quelque temps, il agit de la même façon envers moi. C'est merveilleux de sentir que je suis par ce simple geste, un peu banal, intégrée dans son affection, dans sa famille.

Je voudrais que de loin, quand il me verra, Philippe fasse la même chose.

Et je viendrai, oh oui Dieu, je viendrai.

C'est comme de s'agenouiller près de quelqu'un qui est assis. Je voudrais tant le faire auprès de tous ceux qui me donnent un peu de leur affection en ce moment, la famille de Clémence et d'Olivier. Philippe.

Je voudrais m'agenouiller près de lui, poser ma tête sur sa main. Ne rien dire. Communier par le silence.

Aimer par la tendresse. Se dépouiller et être soi, pour être deux.

*
**

Cette nuit-là, après le départ des voleurs, ma petite sœur et moi, nous nous agenouillâmes près du lit de notre oncle. Presque comme pour me persuader moi-même, j'avais dit : « Oncle cela va aller mieux » et ma sœur ajouta : « Tu vois nous sommes là. »

Il nous regarda longuement et je remarquai, pour la première fois, depuis son arrivée au camp, un léger sourire flottant sur son visage.

Sa voix était presque normale : « Je voudrais me lever, vous parler, vous réconforter. Mais ce soir, je crois que j'ai un peu de fièvre et je suis bien vieux, vous savez; mais demain ce sera fini, ou peut-être après-demain... J'irai beaucoup mieux... Je vous raconterai un tas d'histoires et nous irons nous promener... Et... »

Il eut une quinte de toux et je voyais bien qu'il tremblait. Je l'interrompis : « Ne parle plus oncle... Je vais essayer de trouver quelque chose de chaud à boire pour toi. Peut-être une couverture en plus... Ma petite sœur va rester ici... Je reviens tout de suite... »

Je tremblais moi-même de peur, peur qu'il ne mourût. Je tremblais aussi probablement d'épuisement.

Il devait être minuit et le camp était désert, baraquements aux portes fermées, plus aucune lumière sauf au poste de garde à l'entrée.

Je savais que ma sœur et moi, nous n'avions rien ni à boire, ni à manger dans notre chambrée et la seule solution fut pour moi d'aller au poste de garde. Le policier de faction était à moitié endormi, ne comprenait pas très bien notre langue et s'exprimait dans un dialecte dont j'arrivais à peine

à saisir quelques mots. J'avais seulement compris qu'il fallait
que je sois au lit étant donné mon âge. J'insistais en lui montrant la cabane et en répétant plusieurs fois les mots « très
malade, très malade ». A la fin, il rentra dans son poste
et ressortit avec un bol de thé chaud et deux sucres et je
compris aussi qu'il fallait que je ramène le bol. Je courus vers
la cabane ou du moins je fis aussi vite que je pus pour que le
thé ne refroidît pas. Je le fis boire doucement comme j'avais
vu ma mère le faire quand ma sœur ou mes frères étaient
malades. Et en même temps je remarquai son pansement
qui rosissait de plus en plus. Et à nouveau, en moi, sans aucun
son, peut-être simplement le mouvement des lèvres comme
pour marteler chaque phrase, comme pour y mettre toute
ma foi, mon énergie : « Mon Dieu, sauvez-le, sauvez-le... »

Ma petite sœur babillait, amusée par le côté insolite de
la chose; « Demain avec notre oncle, on ira à la rivière...
n'est-ce pas Ama ? On guettera l'arrivée de papa, maman,
de nos frères... n'est-ce pas mon oncle ? N'est-ce pas Ama ? »

La pauvre avait même oublié la mort de notre dernier
petit frère. Je ne répondis pas, toute tendue vers ma prière
muette, guettant sur le visage de mon oncle un signe de
mieux-être, désirant qu'il ouvrît les yeux pour que je puisse
voir. Mais il maintenait les yeux fermés tout en buvant
doucement.

⁂

J'eus ensuite une autre idée pour qu'il ait chaud, car
cette nuit-là, il y avait un petit vent glacial.

J'avais vu en apportant le bol de thé, des morceaux de bois traîner près d'une baraque. Je revins à nouveau au poste de garde pour rendre le bol, pour remercier le policier mais surtout pour lui demander des allumettes. Il ne comprit pas très bien pourquoi je voulais des allumettes mais pour se débarrasser de moi au plus vite et reprendre sa somnolence, il me donna sa vieille boîte d'allumettes.

Je fis plusieurs voyages pour ramasser par-ci par-là le maximum de morceaux de bois. Par chance le bois était sec et très vite, au milieu de trois briques qui formaient l'âtre, à même le sol, un beau feu rougeoyait, éclairant le lit, la cabane.

A la lueur tremblante et un peu fragile des flammes, tout devient plus beau, plus doux. Les aspérités s'estompent, la laideur s'escamote.

Mon oncle sortit de sa torpeur et fit un effort pour mieux s'adosser contre le mur.

Les yeux devenaient plus vifs... ou était-ce la lueur dansante des flammes ? ou la fièvre ?

Sa voix était claire :

« Ama, entrouve légèrement la porte pour qu'il y ait un petit courant d'air. Le feu tirera mieux.

C'est une bonne idée que tu as eue là ! Il fait meilleur ! C'est une vraie fête.

Ama, tu sais, quand on m'a recueilli sur le fleuve hier, avant-hier, je ne sais plus très bien ? — la souffrance physique était forte, très forte, mais ce qui m'a le plus terrorisé est que je puisse ne jamais vous retrouver, peut-être même mourir entouré d'étrangers... Maintenant je suis heureux...

Toi et ta sœur à mes côtés, ce petit feu de bois... Bonheur... »

Puis comme s'il ne me voyait plus, ou s'il parlait pour lui-même :

« Le bonheur est simple.

Hors de la logique des hommes, il y a le bonheur...

Un bonheur qui commence avec le lever du jour, quand le ciel rougeoie et que la terre sent bon, un bonheur qu'on prend dans le sourire d'une mère, un bonheur qui vous fait éclater la poitrine et chanter à tue-tête, un bonheur qui vous fait croire à demain. »

Ma petite sœur dormait recroquevillée, à même le sol, près du feu. Je tombais de sommeil et je luttais pour ne pas m'endormir.

Je mis un autre morceau de bois dans le feu. La bûche crépita et fit monter de longues flammes ondoyantes et joyeuses.

Je mis la tête de ma petite sœur sur mes jambes allongées et je m'endormis contre le mur, près du lit.

A un moment, je me réveillai en sursaut et entendis mon oncle qui monologuait toujours. Il était question d'infini, d'inconnu, de désespoir. Il disait quelque chose comme ceci mais je n'en suis plus très sûre :

« Je marche vers la vérité éternelle que je n'atteindrai peut-être jamais mais chaque jour qui passe avec son poids de souffrances et de bonheur forge et mon cœur et mon âme.

Je marche vers quelqu'un sur un chemin infini mais à chaque pas, je me rapproche de moi-même, car l'infini est peut-être finalement en moi. »

**

Souvent quand je regarde le feu dans la cheminée à Ville-d'Avray, je repense à cette scène. Bien sûr, ici tout est douillet, confortable. Symphonie de couleurs, fauteuils de velours marron, coussins en soie chatoyante, peinte à la main... La cheminée a une jolie hotte ronde et des bancs de pierre de chaque côté.

Même les bûches sont belles, rondes, presque propres.

De la dernière soirée avec mon oncle, je ne me rappelle plus très bien la fin.

Il m'avait dit, je crois, à un moment : « Gardons Ama, les morceaux de bois qui restent... nous en aurons besoin demain soir... nous referons du feu. »

Puis j'avais dû m'assoupir à nouveau et m'endormir.

Il a dû mourir dans la nuit, probablement en nous veillant ma sœur et moi. Son visage était serein, presque heureux.

Je sais maintenant qu'à chaque fois que je mettrai une bûche dans le feu, je l'entendrai et je le reverrai.

*
**

Il a fallu faire un enterrement pour mon oncle.

Au camp, ils avaient dit : « Tu n'as plus d'argent. Nous allons l'enterrer simplement. »

Je me rappelle avoir répondu : « Et les bijoux de ma mère ? » on me cria : « l'enquête est en cours, on te préviendra. »

On l'enveloppa dans une natte ficelée aux deux bouts par des cordes. C'était au petit matin et le camp était encore endormi. Je voulus me réveiller sans faire de bruit et y aller seule. Mais dès que j'eus mis pied à terre, j'entendis ma petite sœur : « Amène-moi avec toi, je suis triste mais je n'ai pas peur, tu sais. Et puis j'aimais bien notre oncle... »

Nous sortîmes de la baraque rapidement car les autres personnes commencèrent à tousser.

Deux hommes nous attendaient portant la natte ficelée et dès qu'ils nous virent, ils se mirent en marche. Je tenais ma petite sœur par la main et nous nous étions mises derrière les deux hommes.

J'aurais voulu être, avec ma sœur, habillée en blanc comme c'est notre tradition pour les enterrements.

J'aurais tant voulu quelques fleurs, la lumière du soleil, un prêtre, une prière.

Mais c'était le petit matin blême, une marche rapide un peu comme à la sauvette. Puis un trou creusé au bord de la route.

Puis plus rien. Je n'eus même pas le temps d'y jeter, comme il fallait le faire dans notre tradition, un peu de terre dans la tombe.

Les deux porteurs partirent rapidement, nous laissant au bord de la route.

TROISIEME PARTIE

Après ?

I

Ce matin, en faisant mon lit, j'ai remarqué une tache de sang sur le drap et en même temps j'ai senti un liquide chaud couler doucement le long de ma cuisse. C'était du sang et il y en avait aussi sur ma chemise de nuit.

Ma première réaction fut de me dire que j'étais malade et j'eus envie de descendre pour en parler à la maman de Clémence.

Mais je me suis retenue et un vague souvenir m'est revenu... Ma mère de temps en temps se mettait à laver elle-même son linge, quelquefois en plein jour, et j'avais vu que l'eau de lavage était rouge.

Je lui avais demandé une fois si elle était malade et elle me répondit :

« Mais non Ama... Il faudra que je t'explique un jour... Plus tard... »

Intuitivement j'ai senti que c'était une chose normale.
Je suis sortie me laver discrètement dans la salle de bains
et en revenant dans la chambre, tout en essayant de ne pas
me faire voir de Clémence, j'ai essayé de laver la tache sur
le drap avec un gant de toilette.

Mais la tache restait toujours là. J'ai roulé ma chemise
de nuit en boule car le matin nous n'avons jamais beaucoup
de temps. J'ai caché ma chemise de nuit sous l'oreiller.
J'ai couru au miroir de la salle de bains avant de descendre
prendre le petit déjeuner.

Je voulais savoir si j'étais différente ce matin-là ? Non
j'étais la même que la veille, ni plus grande, ni plus forte.

Je me suis dit qu'il fallait prévenir quelqu'un, peut-être
la maman de Clémence qui de toute façon s'en apercevra,
ou plutôt la mère de Philippe, qui fait les lits tous les matins.

Qui prévenir ? Je me suis sentie seule, si seule. Tout
s'éclaira en moi avec violence; une seule personne aurait pu
m'entendre sur ce sujet, ma mère. Ma mère m'avait donné
la vie. Un matin elle avait eu la même chose.

C'était avec ma mère que j'avais envie de parler. Avec
personne d'autre. Ou ne rien dire.

Avec ma mère, je sais que cela aurait été simple, facile,
sans problèmes.

Ma mère me connaissait et me devinait... si bien.

D'ailleurs, elle me disait souvent : « Je marche dans
ton ventre Ama, avec des sabots... »

Mais ma mère n'est plus et je suis désespérément seule,
avec ma petite douleur au ventre.

Assise sur mon lit, alors qu'il fallait descendre pour prendre le petit déjeuner, je sentis les larmes s'accumuler en moi.

*
**

Clémence est venue, criant :

« Ama, viens prendre ton petit déjeuner, il est tard. »

Puis elle referma doucement la porte : « Mais tu pleures, Ama, mais pourquoi ? Que se passe-t-il ? »

J'ai répondu : « J'ai taché les draps. Il y a du sang partout. Je ne sais pas ce que j'ai eu... Je voudrais ma maman... »

J'ai sangloté fort et entre mes hoquets j'entendis Clémence qui riait tout en me disant : « Mais ne pleure pas Ama ! Ce n'est pas grave ! C'est normal ce qui t'arrive. Maman m'a déjà expliqué. C'est lorsque l'on devient une jeune fille... Viens on va lui en parler. »

Quand nous sommes descendues, Clémence a pris sa maman à part, pour lui parler.

Elle est venue vers moi, m'a embrassée et m'a murmuré à l'oreille : « Ne t'en fais pas Ama, cela n'est rien. Je laverai tes affaires. Et avant de partir viens me voir. Je te montrerai. »

*
**

Finalement, finalement, on ne peut pas toujours n'avoir que de la malchance...

Au plus fort de la nuit, il y a toujours quelqu'un qui vous tend la main...

Un jour était venue au camp une jeune dame blanche, une française. Elle était chargée, nous disait-elle, de sélectionner certaines personnes qui seraient accueillies en France.

Les gens se pressaient autour d'elle. Tout le monde voulait partir en France. Les adultes se bousculaient, se battaient presque pour lui parler.

Je tenais ma sœur par la main et nous étions, par la bousculade des gens, mises à l'écart. Ma petite sœur me disait : « Viens, viens, allons voir la dame. Je suis malheureuse ici... »

Mais je restais à l'écart, la retenant. Bien sûr, la France, me disait mon père, était l'endroit où nous devions aller. Je me rappelle sa phrase : « La France sera bonne pour nous. »

Mais je ne voulais pas quitter ce camp, car c'était le seul endroit où mes parents et mon frère pouvaient nous retrouver.

J'entendais les cris des gens, un peu comme lorsque l'on distribue des gâteaux aux enfants. Cris d'envie, cris de colère.

J'entendais : « Je parle français », « J'ai de la famille en France », « Je suis médecin ».

Je trouvais mes compatriotes un peu veules, et j'entraînais ma sœur vers la porte du camp.

Nous étions assises là à regarder la route, toujours cette attente lancinante de quelque chose qui ne venait pas.

Tout à coup, j'entendis des voix derrière moi. C'était la dame française avec le chef du camp.

« A qui sont ces enfants ? »

Réponse de la voix un peu haut perchée du chef de camp :

« Je crois qu'elles sont orphelines. Nous les avons recueillies il y a quelques mois. Les parents sont restés de l'autre côté — seul a pu passer il y a quelques jours, un vieil oncle. Mais le pauvre est mort hier. »

Voix gentille et jeune de la dame : « Si cela est vrai, je peux les prendre avec moi en France — ce sont les cas les plus faciles à régler. »

Je me rappelle sa main sur mes épaules, son doux regard et avant qu'elle pût me parler, je lui avais dit, dans mon meilleur français :

« Merci Madame, mais je ne veux pas partir en France. Ma sœur et moi, nous voudrions rester ici pour attendre nos parents. »

Etait-ce à nouveau le souvenir de nos parents, de mon frère, ou tout simplement parce que c'était la première fois depuis longtemps que je sentais une main douce sur mon épaule, je fondis en larmes.

La dame dit :

« Mais elle parle français ! » Et ses yeux à elle aussi étaient embués de larmes.

***

Très vite, on nous dit qu'il fallait nous préparer pour partir en France. Je refusais, suppliais et disais que je voulais rester. Rien n'y fit, c'était la France, ou l'exclusion du camp.

Le chef du camp disait : « Il me faut de la place. »

Les adultes, ceux qui ne pouvaient partir, disaient tout aussi brutalement : « Tu es folle, c'est une chance inouïe. Regarde ta sœur, comme elle est maigre. En France, vous pourrez bien manger ! »

Seule la jeune dame française me parla comme à une adulte : « Ama, tu ne peux rester avec ta sœur indéfiniment dans ce camp. En France, vous serez dans des familles, avec des gens qui vous soigneront, vous aideront.

Il ne faut pas que tu perdes une année scolaire et tu pourras avec ta sœur attendre tranquillement l'arrivée de tes parents et de ton frère.

Je te promets que je ferai tout le nécessaire pour que dès leur arrivée dans ce camp, ou dans un autre, tes parents sachent que vous êtes toutes les deux en France, et à quelle organisation s'adresser. Je te promets de les aider à venir en France. Voilà, c'est à toi de décider comme une grande personne. »

C'était la première fois de ma vie où je dus prendre une décision importante. Je ne saurai jamais pourquoi j'acceptai. Peut-être la lassitude de toujours attendre sur la route. Peut-être la maigreur de ma sœur qui commençait à tousser.

Peut-être le regard doux de la dame.

Il lui dis : « Aidez-moi avant à reprendre les bijoux de ma mère. »

Quand je lui eus expliqué l'histoire, elle partit pour le poste près du fleuve.

Quand elle revint plus tard, dans la soirée, je compris à son air que je ne retrouverai jamais les bijoux de ma mère; je lui dis avant qu'elle ne me parle : « Cela ne fait rien Madame, merci quand même pour tout. »

Sur la route qui nous menait à Bangkok, le lendemain matin, la jeune dame nous parlait de tout et de rien.

Et moi je regardais par la vitre arrière le fleuve qui disparaissait au loin.

*
**

J'ai eu mal au cœur quand je pris l'avion de Bangkok jusqu'à Paris. C'était la première fois. Peur, excitation, tristesse, angoisse, tout se mêlait.

Cela aurait été extraordinaire si ce baptême de l'air avait eu lieu avec toute la famille réunie.

Mais non, nous étions seules, la dame étant déjà repartie après nous avoir aidées à faire nos papiers à l'Ambassade de France à Bangkok. Derrière nous il y a l'inconnu. Devant également.

Nous eûmes très froid en arrivant à Paris.

*
**

Au parc de Saint-Cloud, en entrant par la grille de
Ville-d'Avray, si on tourne tout de suite à droite, on longe
une petite allée interdite aux voitures.

C'était là, quelquefois, que nous venions Clémence,
Olivier et moi, et Philippe, pour faire de la bicyclette.

Et au bout de l'allée, sur la droite, il y a une aire
cimentée bordée d'arbres avec de belles petites pentes. Nous
nous amusions souvent à descendre la pente, traverser à
toute vitesse le rectangle cimenté et remonter sur l'autre
pente...

C'était là aussi où je venais toute seule, souvent, le plus
souvent possible, pour m'asseoir au pied d'un arbre. Je
disais à ce moment-là, à Clémence, Olivier et Philippe :
« Je vais près de mon arbre. » Nous nous étions assigné
chacun un arbre. Le mien n'était pas très haut, mais bien
touffu avec une grosse branche qui se mourait et qui était
presque tombée... On aurait dit qu'elle ne voulait pas quitter
l'arbre et à chaque fois j'essayais de la rapprocher du tronc,
un peu comme pour l'aider à retrouver les siens.

*
* *

J'ai fait la même chose, une fois, pour une petite fleur
tombée par terre, plus bas dans le parc, près du bassin, en
allant vers la grille qui mène à Boulogne. Je ne connais pas
son nom mais je l'ai reposée au milieu du massif de fleurs.
Plus tard bien sûr, au soleil de midi, elle mourra. Mais j'ai
eu seulement l'impression que cela lui ferait plaisir de

s'étioler au milieu des siens. C'est comme cela que les hommes veulent ou doivent mourir.

Une fin d'après-midi, après avoir fait mes devoirs, je suis descendue dans le salon. La dame qui fait le ménage, la mère de Philippe m'a demandé :

« Ama tu n'as pas vu Philippe ? Il m'a dit qu'il partait acheter un cahier au bazar de Ville-d'Avray. Cela fait plus de deux heures... Il faudrait que nous prenions le train de 6 h 30 pour rentrer sur Paris.

Et il est déjà presque 5 h 30.

Je lui ai répondu : « Je ne sais pas Madame. J'ai travaillé dans ma chambre. Il n'est pas avec Olivier ? »

Mais je savais où il était.

*
**

J'ai couru à perdre haleine. J'ai couru aussi vite que je le pouvais. Je ne sais pas pourquoi mais j'étais sûre qu'il était, qu'il devait être près de mon arbre.

Et tout en courant je priais « Mon Dieu faites qu'il soit là. »

Et Philippe était là, assis près de la branche morte.

Mon cœur battait. J'ai su que c'était cela aimer quelqu'un.

*
**

Je ne sais pas pourquoi, j'écris aujourd'hui ces pages sur Philippe. Pour une fois... j'allais écrire je ne sais plus où j'en suis, mais en fait je crois que je le sais.

Il est cinq heures du matin. Clémence dort à poings fermés et je viens d'allumer ma lampe de chevet. J'ai recouvert l'abat-jour d'un petit illustré car malgré le grand paravent qui nous sépare, j'ai quelquefois réveillé Clémence.

Il est cinq heures du matin et c'était hier à cinq heures trente de l'après-midi que j'ai retrouvé Philippe, sous « mon » arbre au parc de Saint-Cloud. Cela fait exactement douze heures trente minutes, que je suis allée vers lui, que j'ai pris sa main, qu'il m'a donné la sienne, que nous avons marché ensemble.

Ce n'était pas pareil durant les promenades que nous faisions à quatre avec Clémence et Olivier. Cela a été quelque chose d'autre, exaltant et doux.

Nous n'avons pas parlé. Simplement j'ai senti qu'il me serrait fort la main... J'ai regardé le haut des arbres, le ciel et à un moment j'ai vu que le ciel était encore bleu. Bleu tendre des soirs de printemps.

Durant toute cette promenade, j'avais oublié tout ce que fut ma vie. J'ai honte, car j'avais même oublié mes parents, mes frères, mon oncle, ma petite sœur.

Nous avons marché hors de nos chemins habituels de promenade. Quand nous rencontrions des adultes je sentais que Philippe voulait retirer sa main. Alors à chaque fois, je le retenais et à mon tour, la serrais plus fort, de toutes mes forces, dans la mienne. Philippe est plus grand que moi. A un moment, j'ai posé ma tête contre son épaule.

Combien de temps cela a duré ? Je ne le sais pas. Je sais seulement que cela a été très doux.

Quand nous sommes sortis du parc, par la grille de Ville-d'Avray, il a lâché ma main et m'a dit :

« Bien Ama, il faut que nous rentrions très vite. »

Nous avons couru pour revenir.

***

II

J'ai tout un théâtre dans ma tête, mais on dirait que sur la même scène se jouent en même temps deux pièces différentes. L'une dans la pénombre aux silhouettes vagues, un peu comme des pantins désarticulés. Je n'arrive pas à saisir leurs mouvements mais par contre je vois bien les visages...

Ce sont ceux de ma famille, celui de mon oncle. Il me semble toujours que leur regard est plein de reproches.

L'autre pièce, l'autre partie de la scène est ensoleillée le jour, d'une chaude lumière la nuit... tout y est beau, sonore.

Et je reste là et je regarde et je ne me vois nulle part.

*\
**

Hier, dimanche après-midi, la mère de Clémence et Olivier m'a proposé d'aller chercher ma petite sœur pour qu'elle puisse passer l'après-midi à Ville-d'Avray.

Philippe qui était avec nous est intervenu :

« Zut ! moi qui voulais inviter Ama à aller au cinéma... »

La mère de Clémence et Olivier m'a dit alors que c'était à moi de décider et j'ai répondu aussi calmement que j'ai pu, pour ne pas montrer ma joie : « J'aimerais bien aller au cinéma, si vous me le permettez... »

Nous avons pris le train et avant d'arriver à Saint-Lazare Philippe m'a dit :

Ama j'ai une meilleure idée. Je vois dans le journal qu'il passe à la télévision un film formidable... « La colline de l'adieu » avec Jennifer Jones et William Holden.

Cela se passe en Asie. Je suis sûr que cela te plaira. On va aller chez moi. On fera la fête. »

Philippe a une merveilleuse notion de la fête, un peu comme dans mon pays. On n'a pas besoin de grand-chose, mais le fait de se retrouver, d'être ensemble, de parler, d'éprouver les mêmes émotions, c'est cela la fête. Nous nous sommes assis par terre devant la télévision, et avons disposé une assiette avec de la charcuterie, du pain.

Philippe a dit que c'est encore meilleur avec du vin et j'en ai bu pour la première fois de ma vie.

C'est cela aussi peut-être le bonheur d'aimer. Faire avec l'être aimé des choses que l'on fait pour la première fois, voir ensemble les mêmes belles choses.

La fête.

Le film « La colline de l'adieu » est très émouvant surtout à la fin, quand l'héroïne — mon Dieu qu'elle était
belle ! — monte vers la colline, pour essayer de retrouver les
souvenirs d'une courte vie avec l'homme qu'elle a aimé.

Je ne sais plus pourquoi, j'ai repensé à mon arbre, à
notre arbre à Philippe et à moi. Bonheur.

Je lui ai serré très fort la main.

Peut-être ai-je ma place finalement dans cette vie en
France... Même à l'école, cela marche bien. La jeune dame
qui est professeur de français m'a retenue l'autre jour après
la classe pour me dire : « Ama tu t'en sors très bien depuis
quelque temps. Mais tu es un peu trop réservée. Je ne te vois
presque pas sourire. Je ne te vois jamais rire. Pourquoi ?... »

J'aurais voulu lui dire que souvent je n'ai pas le cœur
à sourire, que le rire pour une jeune fille est, dans notre
tradition, non convenable.

J'aurais voulu lui raconter comment ma mère me faisait
des leçons de maintien : « Tu dois toujours avoir la tête
un peu penchée. Qu'on ne voie pas trop ton visage. Ne
regarde pas les gens en face de façon effrontée — ma pauvre
mère adorait ce terme —. Ne ris jamais aux éclats. C'est
bon pour les « artistes ». Elle mettait un sens lourd de
signification dans le mot « artiste ».

Mon père, lui, écoutait ces sermons avec un léger sourire aux lèvres, mais peut-être par connivence avec ma mère, il n'intervenait jamais.

Souvent, après les sermons de ma mère, il me prenait la main et nous allions nous promener dans le jardin. Il ne me disait rien tout au long de la promenade, un peu perdu dans ses pensées, ou peut-être voulant me faire connaître la joie de la communion par le silence. C'était vers la fin de la promenade qu'il me regardait et me disait :

« Tout ce que moi, je veux, c'est que tu sois honnête. Tout ce que je te souhaite, c'est d'être heureuse plus tard. »

Mon professeur de français a répété : « Pourquoi Ama ? Et tu vois tu es à nouveau repartie dans tes rêves... »

Et c'était vrai. Pour un instant j'étais repartie là-bas chez moi. La senteur du jasmin dans notre jardin... la sensation d'avoir ma main dans celle de mon père... la voix de ma mère...

J'ai répondu à mon professeur de français :

« J'essaierai Madame et vous avez raison. »

Sur le chemin de retour à Ville-d'Avray, je me suis surprise à fredonner et en arrivant à la maison, j'ai pris Mélodie dans mes bras et je l'ai caressée.

***

Hier je suis allée faire du baby-sitting dans une famille au bout de la rue. En fait c'était Clémence qui devait y aller et à la dernière minute, vu son gros rhume, ses parents m'ont demandé si je pouvais la remplacer.

Le papa de Clémence et d'Olivier m'a prévenue :

« En principe les gens ont dit qu'ils rentreraient à
11 heures du soir. Si tu veux Ama, je viendrai te chercher. »

J'ai refusé en lui disant : « J'ai plus de quatorze ans et
il y a trois cents mètres de leur maison à ici. Je ferai vite
pour rentrer. Ne vous en faites pas ! »

La mère de Clémence et d'Olivier a ri en lui disant :

« Ama a raison. Elle peut rentrer seule, ce n'est pas
très loin. D'ailleurs si j'allais à sa place viendrais-tu me
chercher ? »

Tout le monde a ri et je suis partie en courant.

Le petit bébé que je devais garder doit avoir à peine
quatre mois. Sa maman me montra le biberon déjà préparé
mis dans une casserole d'eau, me montra comment allumer
le gaz et m'expliqua qu'il fallait le réveiller vers dix heures
et donner son biberon.

C'est la première fois que je m'occupe de petits enfants
depuis mon arrivée en France. Avant chez nous, je donnais
souvent le biberon à mon dernier petit frère et aujourd'hui
j'ai hâte d'être à dix heures pour pouvoir tenir, à nouveau,
un bébé dans les bras. Il fut exact comme une horloge et à
dix heures se mit à pleurer. Je suis rentrée dans la chambre
et je l'ai pris contre moi. Aussi doucement que j'ai pu,
je l'ai changé.

Il s'est mis à gazouiller.

Je lui ai donné ensuite son biberon... De sentir ses petites
mains qui effleurent les miennes, ses coups de pieds sur
ma jambe, cette chaleur, de voir ses yeux qui cherchent les
miens, j'ai repensé à mon petit frère.

J'ai détourné le regard pour qu'il ne me voie pas pleurer.

Ai-je mal tenu le biberon pendant quelques instants ou peut-être a-t-il senti quelque chose, toujours est-il qu'il se mit à pleurer...

Alors je me suis ressaisie et je l'ai bercé en chantant doucement, et miracle de la voix, il s'est mis à faire de grands sourires avec sa bouche, ses yeux.

J'ai presque eu une espèce de déchirement quand il a fallu le recoucher. Cela m'a fait du bien de sentir contre moi cette vie, cette confiance de quelqu'un en moi, en mes gestes. Les parents arrivèrent plus tard que prévu et il devait être minuit quand je sortis de leur maison.

*
**

Je suis rentrée à pied doucement, un peu perdue au milieu de mes rêves. Je n'ai pas couru comme je l'avais promis au père de Clémence et d'Olivier.

La rue à minuit est déserte et mal éclairée.

J'ai dépassé une voiture en stationnement dans laquelle je vis trois jeunes garçons qui fumaient. Ils m'ont regardée et baissant la vitre, ont sifflé doucement pour attirer mon attention. De frayeur, je me suis mise à courir. La voiture a démarré et je devais être à cent mètres à peine de la maison, quand ils m'ont rattrapée. L'un d'entre eux est resté au volant et les deux autres ont essayé de m'attirer dans la voiture.

J'ai résisté mais ils étaient très forts. Je me suis débattue et à un moment ma jambe a cogné violemment contre le parechoc de leur voiture.

De douleur j'ai hurlé et j'ai commencé à crier au secours. Dans ma langue. Grâce à Dieu, dans le silence de la nuit, ma voix a porté.

Des lumières apparurent derrière les persiennes des fenêtres. Les deux garçons, dans leur affolement peut-être, ont commencé à me donner des coups sur la tête.

A ce moment j'ai entendu : « Ama, Ama ! j'arrive ! »

J'ai entendu également les aboiements de Mélodie, et je vis arriver le père de Clémence et d'Olivier, en robe de chambre et savates, une grosse bûche à la main.

Les deux jeunes m'ont jetée à terre et se sont tournés vers le père de Clémence et Olivier.

Il y eut une mêlée confuse, des fenêtres se sont ouvertes et le tout avec les aboiements de plus en plus hargneux de Mélodie. Finalement les deux jeunes se sont jetés dans leur voiture qui a démarré rapidement.

Le papa de Clémence et Olivier m'a pris dans ses bras et m'a demandé, haletant : « Tu n'as rien Ama ? Tu n'as rien ? »

Puis sont venus Clémence, Olivier et leur mère et nous sommes tous rentrés ensemble, serrés les uns contre les autres.

Olivier répétait : « Ah si j'avais eu ma carabine, j'aurai tiré dans leur pneu. »

La maison est toute allumée et nous nous sommes tous retrouvés au salon. Le père de Clémence et d'Olivier a la manche de sa robe de chambre toute arrachée et les cheveux ébouriffés. Nous avons tous bu du chocolat chaud, même Mélodie qui en a eu dans une assiette.

Presque malgré moi, après toutes ces émotions, je me suis mise à sangloter.

« Ne pleure pas Ama, tout va bien maintenant » s'est écriée Clémence.

Alors je leur ai dit hoquetante :

« Mais je ne pleure pas de tristesse, ni de souffrance, mais de joie. Vous m'avez tous défendue... C'est que je suis des vôtres ! c'est merveilleux !... »

La maman de Clémence et d'Olivier m'a prise par la main et elle m'a emmenée au lit. Sa phrase sera pour moi peut-être quelque chose qui restera toujours :

« Bien sûr Ama tu es des nôtres, ma chérie. Allez, vite au dodo. »

*
**

Par la fenêtre de la chambre, de mon lit, je vois les deux bouleaux du jardin. Avril à Ville-d'Avray... Le matin il y a toujours un peu de brume qui s'accroche aux arbres. Torpeur diaphane, j'imagine que c'est ainsi le rêve des arbres... Je garde le lit depuis quelques jours : « une méchante grippe » a dit la mère de Clémence et d'Olivier.

Dans la journée quand Olivier et Clémence sont à l'école, quand leur père est au bureau et que leur mère fait les courses, je me retrouve seule.

Mélodie fait des va-et-vient entre le rez-de-chaussée et le premier étage. Elle vient me regarder, hésite à monter sur mon lit, puis redescend. On dirait qu'elle me surveille pour voir si tout va bien, avec son regard tendre, presque humain.

Peut-être ai-je un peu de fièvre mais je me sens cotonneuse, presque bien; je sais que tout à l'heure la mère de Clémence et d'Olivier va arriver et que la première chose qu'elle fera sera de venir m'embrasser, et de toucher mon front; je sais qu'Olivier et Clémence viendront ensuite, m'apporteront les devoirs à faire; je sais que vers le soir enfin leur papa arrivera, mettra un disque et me dira : « Alors Ama ? et ta grippe de Hong Kong ? »

J'aime qu'il se moque ainsi de moi car je sens confusément que je suis devenue des leurs. On ne se moque que des gens que l'on aime... Philippe m'apporte des livres, livres qu'il a été choisir pour moi à la bibliothèque.

Je me sens heureuse. Tout s'intègre et j'ai l'impression d'être un puzzle fragile qui se met en place...

Il me vient alors souvent une immense croyance en Dieu : « Faites que tout cela tienne ! »

Puis, un peu comme passent les rêves, il y a toujours quelque chose qui accroche... Ma petite sœur, je ne la vois pas assez souvent... Le quatorzième arrondissement est loin de Ville-d'Avray. La maman de Clémence et d'Olivier semble avoir des difficultés à s'entendre et s'organiser avec la dame qui garde ma sœur.

*
* *

Le papa de Clémence et d'Olivier m'a proposé une fois,
après m'avoir entendue converser brièvement au téléphone
un soir avec ma sœur :

« Tu devrais lui écrire. Je suis sûr qu'elle sera contente
d'avoir une lettre, une longue lettre et je pourrai la faire déposer demain. »

Aujourd'hui de mon lit j'essaie de mettre dans cette
lettre à ma sœur tout l'amour possible car je me sens un peu
pour elle comme la remplaçante de notre mère :

« Petite sœur,

J'ai des remords tu sais pour l'autre après-midi où je
devais venir te voir.

Ce serait trop vilain si je te mens, alors petite sœur,
écoute-moi, pardonne-moi mais voici la vérité.

Philippe, ce garçon que tu as vu la dernière fois quand
tu es venue à Ville-d'Avray, m'a invitée à aller au cinéma.
En fait, cela s'est terminé par un film à la télévision, chez
lui, mais c'était formidable.

Je l'aime bien, tu sais, Philippe. Je l'aime beaucoup.
Il est doux, calme, toujours de bonne humeur. Il aime la
vie, il est heureux; auprès de lui je me sens bien.

Avec moi, il se comporte d'une façon tout à fait naturelle; je ne suis pas une « petite réfugiée » qu'il faut comprendre, préserver, protéger...

Je suis simplement une jeune fille presque de son âge
qui lui plaît bien, je crois.

Comprends-tu ce que je veux dire petite sœur ?

Il faudra que je te raconte le film qu'on a vu ensemble,
qui est très beau, mais il faut que je te dise que, pendant le

film, j'étais tourmentée à l'idée que tu devais guetter mon arrivée depuis la fenêtre de ta chambre.

Tu vois, je me sens déjà mieux de t'avoir dit la vérité. Petite sœur, il faudra se dire toujours la vérité.

Je serai ta confidente, tu seras la mienne.

J'ai hâte d'être à samedi dans quinze jours pour ce pique-nique au parc de Saint-Cloud, où tu viendras. Nous nous isolerons. Je connais un coin avec un bel arbre, comme chez nous, où nous pourrons nous cacher pour bavarder.

Je voudrais tant que tu te plaises chez Madame... Bien sûr, elle n'est plus toute jeune, bien sûr elle n'a pas d'enfants, mais tu sais, je sens qu'elle t'aime bien et qu'elle veut vraiment te rendre heureuse.

Alors essaie d'être douce avec elle, même si c'est difficile... car je te connais petite sauvageonne.

J'espère que tu as meilleure mine que la dernière fois où je t'ai vue. Je t'ai trouvée bien maigre... Mange des gâteaux et des bonbons, puisque tu les aimes.

Petite sœur, chaque soir maintenant, dans mon lit, avant de m'endormir, je penserai très fort à toi, aussi fort que ma tête me le permet pour que tu penses à moi, en même temps. C'est ce qu'on appelle je crois la télépathie. Il faudra que l'on s'exerce... n'oublie pas petite sœur, chaque soir à neuf heures... »

*
**

J'ai donné cette lettre au papa de Clémence et d'Olivier en même temps que mes dix francs d'argent de poche, en lui disant : « Pourriez-vous lui faire acheter par la personne qui déposera la lettre un gâteau et des bonbons ? Ma petite sœur est gourmande... »

Il a souri, a remis les dix francs dans ma poche et a répondu : « Le gâteau et les bonbons, ce sera mon cadeau pour ta petite sœur. Reprends ton argent de poche... tu es une bonne petite fille Ama. »

Je me suis sentie un peu gênée mais heureuse car je pense que mon père aurait fait la même chose.

III

J'ai pris l'habitude maintenant d'aller me promener avec Philippe tous les mercredis après-midi, où nous n'avons pas classe. Très souvent au parc de Saint-Cloud.

Une fois, pourtant il m'a dit :

« Viens, allons nous promener dans Paris. »

Et nous avons quitté le parc, en regardant le ciel, en suivant un nuage des yeux.

Le nuage a plané sur la Seine. Il est resté longtemps dans le bois de Boulogne, a ensuite frôlé l'Arc de Triomphe, embrassé l'Obélisque et puis nous l'avons perdu.

C'était un tout petit coquillage de nuage, un peu rose.

Philippe m'a dit :

« On ne regarde pas assez le ciel de Paris. Les rues sont tristes, mais quand tu regardes en l'air tu découvres que très souvent le haut des maisons est joli... »

J'ai tant aimé ce petit nuage rose.

*
**

Nous sommes presque fin mai. Déjà dans la journée, on peut se promener sans manteau, avec un léger pull-over. Déjà on sent la fin des classes. Encore quelques compositions, mais déjà nous pensons aux vacances.

La mère de Clémence nous a dit qu'on irait en Bretagne, que Philippe et sa maman nous accompagneraient, que l'on me montrera une jolie plage, que peut-être l'eau ne sera pas aussi chaude que chez moi, mais il y aura beaucoup d'amis et Clémence d'ajouter : « L'été, maman nous permet d'aller dans les boums. Tu verras, Ama, ce sera chouette. Nager, se dorer sur la plage et danser !... »

Je me sens bien, presque intégrée dans la famille, heureuse de m'asseoir avec eux le soir, heureuse d'adopter leurs rites : dire bonsoir en les embrassant avant de se coucher, dire au revoir le matin avant de partir à l'école et les embrasser.

Et puis ce sera bientôt l'été, il fera chaud et il y aura la plage. Et puis ma petite sœur sera invitée pour deux semaines. Et puis il y aura Philippe qui me dit connaître la région, qu'il me montrera la lande bretonne, que c'est la plus belle chose au monde.

Cependant mes parents, mon autre frère restent présents à mon esprit. J'y pense souvent mais je ne sais pas pourquoi, depuis quelque temps, avec un peu plus d'espoir.

Peut-être qu'ils sont ensemble, là-bas. Peut-être qu'ils pensent à moi en ce moment même. Ils ne doivent pas y être très heureux, mais s'ils sont ensemble, c'est le principal.

Et moi je reverrai la mer. Avec Philippe.

*
**

Seule ombre au tableau. Le père de Clémence semble être de plus en plus fatigué.

Quelquefois, mais peut-être me suis-je trompée ?... quelquefois, j'ai vu la tristesse dans ses yeux.

L'autre samedi après-midi, alors que Clémence et Olivier et leur maman faisaient des courses, je l'ai entendu jouer sur le piano quelque chose de très doux mais également très poignant.

Il fredonnait très doucement, presque à voix basse, une chanson où il était question de landes de brumes et de mer du nord, de rochers pointus sous un ciel déchaîné, de prisonniers à l'aube aux regards éteints, de l'heure où l'on se raccroche aux bords poisseux des verres vides, de l'heure où l'on s'agrippe à des corps inconnus, de jour où tout chavire.

Il était question de donner, d'être bon et ne rien demander. Il était question d'attendre, en pleurant sur la condition humaine, les mensonges, les contradictions, la bassesse... Il était question de Dieu qui seul comprend.

*
**

Une fin d'après-midi, nous ne sommes plus que deux, Philippe et moi assis dans la cuisine pour terminer notre goûter.

La mère de Clémence et Olivier a fait des crêpes. C'était sa joie, de temps à autre, de faire des crêpes que nous mangions d'abord avec du jambon, ensuite avec du « nesquik » et ensuite avec du beurre et du sucre. Il y avait certains rites à Ville-d'Avray, un peu comme chez moi...

Peut-être est-ce avec les rites que les familles tiennent, que les traditions se perpétuent... Je sais que lorsque j'aurai des enfants, je leur ferai des crêpes.

Tout en lui préparant une crêpe, avec beaucoup de beurre et de sucre comme il les aimait, j'ai demandé à Philippe presque soudainement : « Que voudras-tu faire plus tard ? »

Philippe est étrange, capable d'émotion instantanée.

Ses yeux se sont un peu voilés et c'est d'une voix monocorde, presque basse — mais était-ce une auto-suggestion, était-ce une émotion sincère, ou simplement une fabulation ? — qu'il me dit : « Je vais d'abord travailler pour S.O.S. Villages. Tu sais c'est formidable. D'ailleurs je veux leur apporter ce que je peux donner réellement, c'est-à-dire rien. Je nettoierai, je balaierai, je ferai des choses humbles. Faire des choses humbles voilà ce que je veux. »

En même temps, j'ai ressenti une certaine fierté dans ses déclarations, un certain orgueil dans sa voix. J'ai eu l'impression qu'il voulait être un martyr. Cela me fit de la peine.

Je suis sûre que Dieu n'a jamais voulu de martyrs.

Mais tant qu'il me parlait, j'ai trouvé tout cela très beau et je m'émerveillais de tant de bonté, de grâce, je veux dire la grâce descendue en lui.

Peut-être que je suis également très amoureuse. Sa voix me berçait : « J'irai ensuite à Moroni ou au Sénégal. Je serai instituteur pour enfants pauvres. Je vivrai dans une case. Je pêcherai pour vivre. »

Il parla longtemps avec les larmes dans la voix.

J'ai cru en Philippe, et je crois en lui.

Le dimanche d'après, Clémence, Olivier et moi-même avons fait, près de l'église de Ville-d'Avray, la quête pour la Croix-Rouge. Nous avons attendu longtemps Philippe qui devait venir, qui devait, nous avait-il promis, nous aider.

On devait même, tous, donner l'argent de notre semaine.

*
**

Philippe n'est pas venu.

J'ai cru en Philippe et je crois en lui. Mais je suis affolée à l'idée qu'il fut simplement velléitaire.

Uniquement des paroles.

Un jour Philippe m'avait dit :

« Avec toi, je serai capable de soulever des montagnes. Nous ferons plus tard mille choses ensemble. Nous vieillirons ensemble... »

Je crois en Philippe mais il m'arrive maintenant de vaciller car j'ai peur de tant de paroles.

Intuitivement, je sais Philippe capable d'effacer tout

d'un trait. Alors j'essaie avec lui de nous donner à tous les deux un idéal et je lui disais souvent :

« Faisons ensemble quelque chose pour les enfants, pour les orphelins. Je voudrais que plus tard on continue à le faire, longtemps. Je voudrais plus tard faire des études de médecine, ou même simplement être infirmière pour pouvoir aider un peu les gens qui souffrent... J'aurai voulu que tu voies ce que j'ai vu dans les camps là-bas... »

Mais finalement, je pense que Philippe intellectualise trop toutes les choses et qu'il replace peut-être trop les événements autour de lui.

Pourtant je voudrais tant croire en Philippe, qu'il me tienne encore la main, longtemps.

**
*

Un petit entrefilet dans le journal du soir a attiré mon attention : « Conférence sur les réfugiés.

Tout semble indiquer que la Chine accueillera froidement les propositions de certains pays, de conférence humanitaire sur le sort des réfugiés. Si Pékin accepte de participer à cette réunion, estime-t-on dans les milieux diplomatiques, ce sera pour dénoncer les exactions de « l'autre partie » et répéter qu'elles sont la source du désastre humain actuel. »

Des phrases de ce genre j'en ai lues beaucoup depuis quelque temps. Je suis effarée par leur laconisme, leur côté détaché...

De partout on entend des affirmations de ce genre et pendant ce temps-là, chaque jour, des enfants meurent.

J'ai ainsi pris l'habitude dès que je vois dans un journal un article sur les réfugiés, de le lire en détail, d'ailleurs souvent plusieurs fois, parce que je ne comprends pas toujours très bien le sens.

Une fois, je m'escrimais sur un article dans un magazine et le père de Clémence et Olivier, m'ayant vue lire ce journal s'est esclaffé : « Oh là ! Ama, c'est un article de fond de la gauche intellectuelle en France ! Tu ne comprendras pas tout... Tu devrais lire autre chose... »

En effet, je n'avais pas compris grand-chose. Je cherchais plutôt des informations sur les conditions de vie dans les camps et je nourrissais le secret espoir de voir peut-être le nom de mes parents, ou simplement la description par les journalistes de gens qui pourraient leur ressembler... Toujours cet espoir... Peut-être sont-ils vivants ? Sûrement ils sont vivants, sûrement ils sont quelque part là-bas dans un des nombreux camps...

Je n'avais pas compris grand-chose à l'article en question. Son auteur cherchait à démontrer que la cause de tout cet afflux de réfugiés était tout simplement la colonisation passée et la faute incombait aux anciennes puissances coloniales, aux impérialistes; ils avaient appauvri le pays et les gens s'enfuyaient pour trouver ailleurs de meilleures conditions de vie; et l'auteur terminait en faisant remarquer que les anciennes puissances coloniales, les impérialistes avaient, en leur temps, fait cent fois pire et qu'ils n'ont donc aucun droit de s'ériger en accusateurs maintenant.

Oui, je n'avais pas compris grand-chose et encore maintenant je ne comprends pas.

Je sais simplement que l'on meurt dans les camps, que les gens se battent pour un peu d'eau, un peu de nourriture, qu'il m'arrivait d'implorer pour avoir ma part et celle de ma sœur lors des bousculades au moment des distributions de vivres.

Je sais simplement que mes parents ont voulu partir parce qu'ils avaient peur, peur des hommes en noir, que la vie après l'arrivée des hommes en noir dans la ville n'était plus la même qu'avant.

D'autres parlent d'absence de liberté. Je ne sais pas ce qu'est la liberté, mais par contre, la peur, oui je sais qu'elle existe.

***

La vie dans les camps est quelque chose de difficile à décrire, car on passe toutes ses journées à attendre. Attendre qu'on vous donne à boire, à manger...

Attendre les contrôles administratifs...

Attendre le prochain départ. J'attendais mes parents.

Alors on ne vit pas. Mais on voit.

Les enfants n'ont pas d'âge car amaigris, les adultes valides soutiennent d'autres qui arrivent à peine à marcher. Je me rappelle une mère enceinte et à côté d'elle, dans un carton qui servait de berceau, son bébé... Un an, trois ans ? Je ne sais pas. Il ne criait jamais, ne pleurait jamais. Seuls ses yeux vivaient mais on aurait dit, un peu ailleurs, de loin...

Il est mort très vite et on l'a enterré avec son berceau en carton.

Nous étions privilégiées car nous vivions dans des baraquements mais en face de notre camp, de l'autre côté de la route, il y avait dans un terrain vague, à côté du dépôt d'ordures, quelques tentes, de vagues cabanes faites de branches, de morceaux de bois...

C'était le camp des derniers arrivés et je ne sais pas pourquoi les policiers qui nous gardaient disaient que c'étaient des « illégaux ». Pour eux, dès qu'il y avait une place de libre dans notre camp, c'était la ruée. Aussi guettaient-ils les départs et à chaque fois je voyais des hommes supplier les policiers à l'entrée de notre camp.

J'avais vu un jour un homme pleurant et tenant un bébé à bout de bras. Le pauvre nouveau-né avait la tête, qui ne devait pas encore tenir très bien, complètement penchée sur son épaule. Pantin disloqué, presque sans vie.

Est-ce le souvenir de mon dernier petit frère, celui qui aurait tant aimé faire un tour de manège, ou parce que l'homme avait à peu près l'âge de mon père, j'avais couru vers le policier tout en m'écriant et en le tirant par la manche :

« Il est de ma famille et il y a une place dans notre baraquement ! »

Je me rappelle bien cet homme. Il m'a dit être médecin, que de sa famille, il ne restait plus que lui-même et son dernier-né et que ce dernier souffrait de dysenterie amibienne. Je ne suis pas très sûre du nom de la maladie; mon souvenir est que le bébé avait une peau toute sèche, de la fièvre et continuellement des selles.

Ils ne restèrent pas longtemps dans notre baraquement.

J'ai toujours en moi la vision de cet homme qui plaçait un linge mouillé sur la tête de son enfant et qui répétait inlassablement : « Ah si j'avais ce médicament... » Il avait dû voir doublement mourir son enfant, en tant que père et en tant que médecin.

Un matin, en me réveillant, je m'aperçus que leurs lits étaient vides.

Je n'ai jamais su ce qui est arrivé.

*
**

Un soir après le dîner, et parce qu'on a vu à la télévision une scène assez atroce de bombardements de villages de mon pays, j'ai posé au père de Clémence et Olivier la question :

« Pourquoi les hommes se battent-ils ? »

Il a réfléchi longuement avant de répondre, très doucement, un peu comme pour lui-même :

« Pourquoi les hommes se battent-ils ? Se battent-ils pour la richesse ou pour l'ivresse de vaincre ? Je ne sais pas... vraiment je ne sais pas. C'est comme une espèce de folie collective... »

Sa voix s'est faite encore plus douce, plus basse et je crois qu'à ce moment-là, il a parlé vraiment pour lui-même :

« En fait la guerre est aussi une affaire de mots. Tu sais, il est des mots qui font marcher les hommes, des mots qui en font des tueurs, des saints. Liberté... démocratie...

amour. Certains disent qu'ils défendent la liberté, leur droit de vivre. D'autres aussi...

Oui, tout commence avec des mots, d'abords vides de sens et puis l'on donne une signification à ces mots. C'est à partir de là qu'on devient homme, qu'on devient fier, parce que sur du vide, on a créé quelque chose. Et puis, comme on l'a créé, on y croit. Toute guerre est une revendication, une lutte économique.

Bien sûr, je sais qu'il y a des millions de pauvres, de malheureux, quelques centaines de riches, que cela n'est pas juste et qu'il faut faire quelque chose. Mais je crois aussi qu'on n'a pas le droit d'aller tuer les quelques centaines bien lotis par la nature ou qui ont, à la force de leurs poignets, acquis leur bien...

D'ailleurs, très souvent, on assiste seulement à un transfert : on tue la minorité d'anciens propriétaires et on la remplace par une autre minorité. Le grand tort de notre siècle c'est de vouloir aller trop vite mais le plus grand tort encore est d'y avoir pensé trop tard. »

Il y eut un long silence puis le père de Clémence et Olivier m'a dit :

« Ma pauvre Ama, je crois que tu n'as pas compris grand-chose à ce que je viens de dire.

Moi non plus d'ailleurs.

Et au fond cela n'a pas d'importance. »

Il a ri, puis a ajouté :

« Je viens de délirer, de dire des tas de bêtises...

Ce sera plus sérieux demain soir ! Je vous apporterai à tous les trois, Ama, Clémence et Olivier, une photocopie

d'un article que j'ai écrit quand j'étais un peu plus jeune.
Vous le lirez et ensuite, vous me direz ce que vous en pensez.

Maintenant au lit, tout le monde ! »

*
**

Il a tenu sa promesse et le lendemain soir, il nous a
donné à chacun une photocopie d'un long article.

Je n'ai jamais pu le terminer l'ayant trouvé trop com-
pliqué. Par contre j'ai toujours gardé avec moi la première
page, l'introduction, et je la relis quelquefois :

« Au départ, est l'agressivité. Au niveau des individus il
se révèle que les motifs les plus divers déclenchent l'agressivité. L'espèce humaine en l'occurrence présenterait certaines similitudes avec les nombreuses espèces animales : la
douleur, l'instinct de possession d'un espace, d'un bien, la
défense ou l'acquisition de la femme, de la femelle; tout
ceci constitue la trame de fond naturelle de l'agressivité.

Mais qu'en est-il au niveau collectif ? Il existe bel et
bien une agressivité collective et l'histoire en est riche
d'exemples; celle-ci procéderait probablement des mêmes
stimuli mais se trouverait édulcorée, renforcée ou diminuée
par des concepts propres aux organisations sociales humaines,
tels que la liberté, la fraternité, la patrie, les morales reli-
gieuses et civiques.

L'agressivité collective constituerait une forme sophis-
tiquée des instincts agressifs individuels : il ne suffit plus
que votre bien ou votre femme soit menacé, que la douleur

vous atteigne en propre, le sentiment de solidarité joue pour déclencher l'agressivité : la société inculque ainsi à l'homme une armature de concepts qui, dès qu'il y a menace de distorsion de la dite armature, engendre un mécanisme de protection et l'agressivité. Bien heureusement, l'organisation sociale humaine comporte également des concepts de morale civique ou religieuse jouant le rôle d'antidote de cette agressivité que l'on peut qualifier d'artificielle parce que non instinctuelle. Un des résultats possibles du déclenchement de l'agressivité entre individus ou groupes d'individus est le combat ou la guerre, défini comme une confrontation d'actions organisées ayant pour but la victoire.

La schématisation du mécanisme peut être assimilée au phénomène physique du moteur à explosion : une certaine atmosphère est créée, se comprime et l'étincelle amorce l'explosion. Ainsi, certaines conditions économico-politiques se créent, exaspèrent au niveau individuel les stimuli de l'agressivité et le renforcement au niveau collectif de ces stimuli sous l'action de concepts sociaux déclenche le processus de la confrontation, la guerre ! »

Je ne comprends pas très bien tout ce qu'a écrit le père de Clémence et d'Olivier.

Je sais seulement que les enfants subissent la guerre.

Je rêve du jour où les grands de ce monde consulteraient les enfants avant de déclencher une guerre.

Je rêve des Nations Unies d'enfants de moins de quatorze ans... Je suis sûre qu'ils ne voudraient pas la guerre.

Il faudrait que je cherche un jour quel est le nombre d'enfants de moins de quatorze ans dans le monde...

Il faudrait que les chefs d'Etat aient toujours autour d'eux de jeunes enfants. En voyant le bonheur des enfants, peut-être qu'ils penseraient moins à la guerre.

IV

Le père de Clémence et Olivier en rentrant tout à l'heure m'a dit :

« Tu sais Ama, j'ai appelé l'Ambassade de ton pays pour savoir s'ils vont répondre à ta lettre. Ils m'ont répondu qu'il faut attendre, qu'ils reçoivent des centaines de lettres comme la tienne.

Je vais essayer de trouver une autre filière pour avoir des nouvelles. Peut-être par la Croix-Rouge... »

J'avais un peu oublié cette lettre, et ce rappel me fit mal.

Je repense à mon petit frère, à sa phrase : « Je veux faire un « tou » de manège »; je revois le regard de mon père, les longs cheveux de ma mère, je revois nos jeux à nous autres, les quatre enfants quand nous étions ensemble.

Après avoir aidé à mettre la table, j'ai dit à la maman de Clémence et Olivier :

« Excusez-moi, je n'ai pas faim ce soir. Je voudrais monter dans la chambre si vous le permettez. »

Je voulais en fait m'isoler pour ne pas leur montrer ma tristesse. Je voulais être seule, tout simplement.

Elle me répondit :

« Tu peux monter Ama, je viendrai te voir tout à l'heure. »

Elle est venue un peu plus tard dans la chambre avec un bol de lait chaud et des tartines. Elle s'est assise sur mon lit, m'a caressé la tête puis elle m'a parlé doucement :

« Attends un peu, le lait doit être encore trop chaud... Dis-moi maintenant Ama. Comment faites-vous dans votre pays, dans ta famille quand on est triste, très triste ?... Tu vois, moi quand j'étais petite, mon papa me disait :

« Pleure un bon coup et tu te sentiras mieux. »

Il m'apprenait aussi à dire ce que l'on a sur le cœur, à communiquer.

Dis-moi Ama, car je voudrais tant d'aider... »

Je n'ai rien dit. Simplement j'ai laissé mes larmes couler sans essayer de les retenir.

Chez moi, mon père nous disait souvent :

« Il faut rester digne. Ne pas montrer que l'on est faible, taire ses peines, ne pas exhiber sa joie. »

Ce que l'on appelle en France, la face des Asiatiques, c'est simplement une certaine forme de pudeur, ne pas déranger ses proches, ses voisins, par des problèmes personnels.

La mère de Clémence et d'Olivier m'a bercée doucement.

Je l'entendis dire :

« Mon Dieu que c'est difficile de rapprocher les êtres, surtout lorsqu'ils sont de race différente. Et pourtant, je voudrais tant. »

*
**

Je commence maintenant à être invitée avec Clémence chez ses amies. Mais quelquefois je suis un peu gênée... Le sentiment d'être une curiosité non pas pour les petites jeunes filles de notre âge, mais plutôt pour les mamans qui parfois assistent aux réunions. J'entendis une fois chuchoter entre elles deux dames, la première avait dit :

« C'est une petite réfugiée qui a été recueillie par... — suit le prénom de la mère de Clémence et Olivier — Je crois qu'il y a un gros problème d'insertion. Les traditions, le mode de vie, même les habitudes culinaires... »

Réponse de l'autre personne :

« Je ne crois pas que le problème de l'insertion soit important. C'est plutôt celui de l'intégration. Ces gens ne reviendront pas dans leur pays, ne peuvent plus revenir dans leur pays. Alors se pose pour eux, pour nous le fait de savoir comment les intégrer. Et ceci est d'une tout autre dimension... »

Tous ces mots m'ont paru étrange. J'ai l'impression et je crois que c'est vrai que dans la famille de Clémence et Olivier, tous ces mots n'ont pas cours. Je crois qu'à Ville-d'Avray, on a de l'affection pour moi et que l'on veut tout simplement m'aider. Comme c'est étrange cette habitude des adultes en France, de tout vouloir disséquer, de mêler la psychologie à tout, avec des mots compliqués et creux.

Il m'est également arrivé d'entendre des choses un peu cruelles. Une fois c'était dans la cuisine à Ville-d'Avray. La mère de Philippe lui a dit :

« Arrête de tant te promener avec Ama. Tu as tes leçons à réviser et puis c'est une Chinoise... »

C'est vrai que c'est difficile pour les Européens de nous distinguer des Chinois. Et puis qu'ont-ils donc les Chinois de si terrible ?...

Une autre fois, en allant à l'épicerie de Ville-d'Avray, je n'ai pas fait très attention en traversant un passage clouté. Un automobiliste m'a crié : « Va donc, hé Chinois vert. »

J'ai senti que c'était une injure et j'avais voulu demander à Clémence ce que cela voulait dire. Puis par pudeur je n'ai pas osé. Même maintenant, je ne sais pas encore ce que cela signifie : « Un Chinois vert. »

*
**

L'autre jour, en rentrant de l'école, je suis arrivée la première, la maman de Clémence et Olivier n'étant pas encore rentrée. Le téléphone a sonné et j'ai décroché :

« Allo, nous sommes bien chez M... ? »

J'ai dit oui et une voix a prévenu :

« Ici l'aéroport de Roissy. M... a eu un malaise et nous le conduisons chez lui. »

Peu après, une voiture est arrivée et j'ai vu sortir le père de Clémence et Olivier.

Je l'ai trouvé pâle. En rentrant il m'a dit :

« Finalement j'ai raté mon avion. Ne dis rien ce sera une surprise quand ils vont tous rentrer. »

Je n'ai pu me retenir et j'ai presque élevé la voix, crié :

« Mais on vient d'appeler de l'aéroport en disant que vous étiez malade ?... »

Il s'est assis dans le fauteuil, m'a fait venir près de lui et m'a chuchoté :

« Oui Ama, j'ai eu un petit malaise à l'aéroport. Mais promets-moi de garder le secret. Je ne voudrais pas que Clémence et Olivier soient inquiets.

J'ai besoin d'un peu de repos, c'est tout. Tiens ce week-end, nous irons tous à la campagne, dans le Lot-et-Garonne.

Tu verras, la campagne française est très jolie... »

J'ai gardé le secret et je ne sais même pas s'il en a parlé à la mère de Clémence et Olivier.

*
**

Nous sommes tous allés à la campagne. On a roulé longtemps sur l'autoroute et puis nous avons pris les petites routes et comme dit la maman de Clémence et Olivier :

« Au moins on profite du paysage. Regardez les enfants... »

Et elle nous a montré, tout au long du chemin, les différences d'une région à l'autre en nous faisant remarquer mille petits détails, la forme des toits des maisons, l'architecture des églises, l'étendue ou le morcellement des champs.

La campagne française est belle, et j'ai vu qu'elle est beaucoup plus riche que celle de mon pays, plus verdoyante aussi.

Nous nous sommes arrêtés sur une petite colline pour notre pique-nique, et on a chanté à tue-tête. J'étais très bien, presque comme si c'était ma famille.

Mais à un moment j'ai regardé le ciel, et j'ai vu un grand nuage tout droit et de couleur un peu grise. Et je me suis rappelée ce que ma mère disait : lorsqu'on voit un tel nuage, c'est un mauvais signe.

Plus le nuage est grand, plus il est rectiligne, plus il faut s'attendre à un grand malheur.

Je n'ai plus osé le regarder, un peu comme pour conjurer le sort. J'ai eu également un peu honte de ma superstition.

Mais je suis angoissée et si j'avais pu, je les aurais tous pris contre moi, de peur de les perdre.

Je n'ai certainement pas su feindre et taire ce que je ressentais car Clémence m'a dit :

« Qu'as-tu Ama, tu as l'air étrange tout à coup ? »

J'ai menti :

« Mais non je suis heureuse de nous voir tous réunis et je me sens bien avec vous. »

*
**

Ainsi viennent les événements qui nous détruisent, qui détruisent ce que vous avez de plus profond dans le cœur, mais cela je ne le saurai que plus tard.

Cela commence par des indifférences, se continue par des mensonges et finit dans le chagrin.

Un mercredi après-midi, Philippe est passé nous voir à Ville-d'Avray en solex. J'ai l'impression maintenant que quand il vient, c'est surtout pour voir sa mère, ou alors par habitude.

Nous devions passer nos tests à l'école jeudi et vendredi et tous les trois Clémence, Olivier et moi-même, nous étions plongés dans nos livres.

J'ai eu l'espoir que Philippe attendrait la fin de l'après-midi pour faire notre promenade, après mes révisions.

Mais visiblement, au bout d'un moment, il voulait repartir. La maman de Clémence et Olivier lui a dit :

« Veux-tu me rendre le service d'aller promener un peu Mélodie dans le parc de Saint-Cloud. Elle est dans nos jambes depuis ce matin ! »

J'ai senti qu'il était gêné mais il a quand même accepté et c'est en tenant Mélodie par la laisse qu'il est parti au parc sur son solex.

J'ai révisé aussi vite que j'ai pu et vers six heures, je me suis précipitée vers notre endroit de promenade habituelle.

J'ai entendu de loin les aboiements de Mélodie et je l'ai trouvée attachée à la grosse branche morte de « mon » arbre. Cela devait faire longtemps qu'elle était attachée car elle a mordu, déchiré presque toute la laisse.

J'ai pris Mélodie dans mes bras et j'ai cherché partout Philippe et son solex.

Il est venu un peu plus tard et m'a regardée dans les yeux avec candeur :

« Oh tu es là ? J'allais ramener Mélodie.

Je suis allé chez ma belle-sœur S... qui habite à Rueil pour lui déposer un paquet. Et je ne pouvais pas amener avec moi Mélodie. »

C'est effrayant car j'ai su tout de suite que c'était un mensonge. C'est effrayant cette candeur (dans ses yeux), cet air innocent. Quelque chose s'est cassé en moi ce jour-là, mais cela aussi, je ne le saurai que plus tard.

Enfin la lettre tant attendue, la lettre de l'Ambassade de mon pays est venue. Quatre lignes :

« Nous accusons réception de votre lettre du...

Nous regrettons de ne pas pouvoir vous donner le genre d'informations que vous nous demandez.

Veuillez agréer... »

Je l'avais ouverte en tremblant d'espoir et de peur.

Finalement, la sécheresse de la réponse a été pour moi presque un réconfort. Je me suis simplement dit qu'ils auraient pu me mettre une phrase gentille, me donner peut-être un tout petit peu d'espoir. Cela ne leur aurait rien coûté. C'était inutilement méchant.

Je reviendrai un jour dans mon pays. Je reviendrai un jour dans ma maison. La guerre sera finie et les hommes en noir auront disparu. Je reverrai ma rue, le grand flamboyant avec ses fleurs rouges, la haie des bougainvilliers mauves.

Je sentirai à nouveau l'odeur du jasmin dans notre jardin, les odeurs des rues d'Asie.

J'entendrai à nouveau le chant de ma mère, lorsqu'elle travaille dans la maison, les rires de mes frères et de ma sœur dans le jardin. Je servirai à nouveau le thé pour mon père quand il recevra ses étudiants chez nous et j'écouterai leur conversation... Oui je reviendrai... mais bien des choses auront changé. Rien ne sera plus comme avant...

Nous ne serons plus que trois enfants avec mes parents. Mon dernier frère est mort et mon oncle n'est plus.

Mes parents auront vieilli. Je ne serai plus une petite fille...

*
**

Un jour je serai chez moi et j'inviterai toute la famille de Clémence et Olivier. Je suis certaine que mon père sera très ami avec le père de Clémence et d'Olivier.

Ils sont si bons tous les deux, ont la même pudeur devant les choses de la vie. Je les vois déjà me parlant longuement de leurs voix douces, dans notre salon, dans la pénombre du soir.

Je vois ma mère et celle de Clémence et Olivier riant, souriant, comme deux sœurs qui se retrouvent, complices et femmes.

J'irai au bord du lagon avec Clémence et Olivier; je leur montrerai mon pays, les longues plages de sable fin, la fraîcheur des petits bois de cocotiers, les rues encombrées où tout est prétexte à rires. Je leur ferai connaître ce que j'ai connu, ce que m'ont appris et mon oncle et mes parents... la valeur du silence, d'un geste, d'un regard.

Je sais qu'il y a un temps pour tout, un temps pour pleurer et souffrir, un temps pour rire et espérer.

Je sais, et je prie avec toute la force de mon corps et de mon âme, que je reviendrai chez moi, un jour.

V

Le père de Clémence voyage très souvent. Aujourd'hui il est rentré d'Egypte. Le chauffeur qui l'a déposé portait une caisse en carton d'où suintait un peu de graisse.

En arrivant il a crié : « Ohé les enfants, ohé tout le monde ! »

Ses traits sont tirés mais il y a de la joie dans ses yeux :

« Regardez ce que j'ai rapporté. Des pigeons cuits à l'égyptienne. J'appelle ça des pigeons écrasés car ils sont tout aplatis. »

Nous l'avons tous embrassé, puis il s'est tourné vers moi :

« Nous allons faire du riz. Cela te plaira Ama. D'ailleurs j'ai la recette. »

Cela a été une soirée merveilleuse. Tout le monde a travaillé, l'un a mis la table, l'autre a préparé les hors-d'œuvres, la mère de Clémence a fait un gâteau.

Nous n'avons même pas regardé la télévision comme on le fait souvent avant de nous mettre à table.

Le riz au safran était délicieux, les pigeons un régal.

Mais je crois que c'est surtout l'atmosphère d'une famille réunie. La joie de se retrouver, de parler, de se raconter.

Cependant, à la fin du repas, le père de Clémence et Olivier s'est trouvé mal. Il nous a dit : « Excusez-moi les enfants, je me sens un peu fatigué et je vais monter m'étendre », puis se tournant vers sa femme : « Ne t'inquiète pas je crois que ce n'est rien de grave. »

J'ai vu que Clémence avait les larmes aux yeux, que personne ne voulait plus rien prendre, alors j'ai suggéré : « Madame, laissez, je débarrasserai. Olivier et Clémence m'aideront et nous ne ferons pas de bruit. »

Elle eut un instant d'hésitation avant de me répondre :

« Merci, Ama, merci beaucoup. D'accord. » Elle nous a embrassés puis est montée.

Nous n'avons pas fait de bruit en rangeant et avant de nous coucher, je suis allée vers Clémence et Olivier pour leur dire :

« Votre père est chouette vous savez ! »

Pour la première fois je me suis sentie un peu utile dans cette famille.

Avant de m'endormir, j'ai prié : « Mon Dieu protégez tous ceux que j'aime. »

*
**

Le père de Clémence et Olivier est très malade. On a appelé le docteur et le lendemain on l'a emmené à l'hôpital Ambroise Paré à Boulogne.

L'ambulance est venue. Sa femme portait la valise.

Il a descendu l'escalier soutenu par un infirmier, cet escalier qu'il avait l'habitude de prendre, presque en dévalant.

Nous étions les trois enfants dans l'entrée et au passage, il nous a touché la tête et nous a dit, avec un pauvre sourire : « A bientôt les enfants. »

*
* *

Depuis son départ, la vie a changé à Ville-d'Avray. Nous avons moins envie de mettre de la musique; nous marchons plus doucement. Tout devient un peu feutré.

La mère de Clémence a les yeux souvent rougis mais devant nous, elle ne pleure jamais. D'ailleurs nous devançons ses désirs. Même Olivier, qui rechignait toujours pour prendre son bain le soir, a, depuis le départ de son père, toujours pris son bain à six heures.

Nous essayons de nous aider pour nos devoirs sans l'embêter.

Nous mettons la table et mangeons vite car dès huit heures du soir, elle nous quitte pour se rendre à l'hôpital. Nous ne savons pas grand-chose sauf qu'il est très malade. La mère de Clémence rentre chaque soir tard. Je l'entends chaque fois qui ouvre notre porte, et chaque fois, je voudrais venir vers elle, m'asseoir avec elle, prendre sa main et la lui embrasser, comme je le faisais avec ma mère.

Mais par timidité, pudeur, chaque fois je faisais semblant de dormir.

Elle passait dans nos chambres, nous remettait nos couvertures et ressortait sans bruit.

La vie a changé à Ville-d'Avray. Même Mélodie ne court plus. Elle reste souvent couchée au pied du fauteuil du salon sans bouger, mais les yeux ouverts et les oreilles frémissantes au moindre bruit. Je suis sûre qu'elle guette le retour du papa de Clémence et Olivier.

Nous sommes mercredi après-midi aujourd'hui, et je ne retrouverai pas Philippe au parc de Saint-Cloud : depuis que le père de Clémence et Olivier est malade, je reste souvent à Ville-d'Avray pour aider; mais peut-être également, et j'en ai l'intuition, parce que Philippe ne veut plus me voir.

Cela va faire presque trois semaines que le père de Clémence et Olivier est hospitalisé, et nous allons aujourd'hui lui rendre visite à l'hôpital.

Je suis désorientée à l'idée de ne plus faire avec Philippe notre promenade, qui était devenue presque un rite et j'ai également l'appréhension de revoir le père de Clémence et Olivier sur un lit d'hôpital.

Souvenir de mon oncle, à l'infirmerie du camp, là-bas en Thaïlande...

Il ne dormait pas quand nous sommes arrivés dans sa

chambre. Il a eu la force de nous faire un petit sourire, mais sur son visage émacié, il n'y a plus ce regard exalté, un peu fiévreux, qui a toujours été le trait le plus attirant de sa figure.

Il a dit faiblement : « Racontez-moi... »

Olivier lui a parlé du match de foot qu'il a perdu de peu contre la quatrième du collège de Sèvres, puis il a ajouté : « Et puis j'ai obtenu 14 en techno, la meilleure note étant 18 et la plus mauvaise 7... » Olivier voulut continuer mais sa mère l'arrêta : « Laisse maintenant parler ta sœur et ensuite ce sera le tour d'Ama. Puis il faudra laisser reposer votre père. »

Je n'entendis pas très bien ce qu'a dit Clémence au début, car soudain dans cette chambre d'hôpital, je me suis vue un an à deux ans en arrière... Comme un kaléidoscope : la fuite dans la nuit, la forêt, la mort de mon petit frère...

Les souvenirs remontaient, lourds, chargés de rancœur devant l'injustice des hommes.

Un long temps contracté... et je suis revenue dans la chambre pour entendre Clémence qui répétait plusieurs fois de suite :

« Reviens papa, reviens vite. Tu nous manques... Mélodie ne court plus. Reviens papa chéri ! »

Quand ce fut mon tour, je ne pus rien dire et comme je sentis que j'allais éclater en sanglots, la seule chose que je fis, fut de m'agenouiller auprès du lit. J'ai posé ma tête sur sa main. J'ai recouvert sa main de mes cheveux. Je l'entendis qui disait faiblement : « Ama, notre Ama... mon Ama. »

*

Dans la voiture, quand elle nous ramena à Ville-d'Avray, la mère de Clémence et Olivier nous dit :

« Faites une prière ce soir pour votre père. Et faites aussi une prière pour la famille d'Ama. »

*
**

Depuis quelque temps, parce que le père de Clémence et d'Olivier est à l'hôpital, leur maman a décidé de réduire le temps de travail de la dame qui vient faire le ménage. Elle ne vient plus que deux fois par semaine, et je ne sais pas pourquoi Philippe lui aussi a restreint les visites.

Une fois il m'a appelée au téléphone, pour me réclamer un livre qu'il m'a prêté et quand je lui ai demandé s'il viendrait à Ville-d'Avray, il m'a répondu :

« Je ne sais pas. Je suis fatigué de prendre le train et j'ai beaucoup de travail au lycée... »

J'ai préféré raccrocher car j'ai senti que j'étais en train de le déranger dans sa vie. Je sais seulement pour moi, qu'il pleuve, qu'il vente, que je sois malade, s'il m'avait demandé de venir le voir, je l'aurais fait. Sans hésiter un seul instant.

Comme c'est étrange que les gens ne sachent pas dire non, dire la vérité... Il leur faut toujours se justifier, trouver des justifications intellectuelles...

Je ne sais pas le faire et en cela je suis souvent maladroite. Je ne sais que parler selon mon cœur, et c'est peut-être pour cela que je parle si peu. Mais une fois que l'on a dit ce que l'on ressent au plus profond de soi, quel besoin de le répéter sous une autre forme, par un autre assemblage de mots.

Mon père me disait quelquefois : « Fais ce que te dit ton cœur. »

J'essaie en ce moment d'aider le plus possible la maman de Clémence et Olivier. Dès que j'ai fini mes devoirs vers six heures, je lui propose de faire le dîner ou de repasser.

Elle maigrit de plus en plus. Ses cheveux si blonds deviennent ternes. Je sais, je sens qu'elle souffre énormément. Et je me sens impuissante à l'aider.

Nous sommes déjà presque mi-juin et le jour se lève de plus en plus tôt.

J'essaie moi-même de me lever plus tôt et ma grande joie c'est de rester dans la salle de bains, et de guetter les premiers rayons de l'aube par la petite fenêtre.

Le ciel est d'abord gris, ensuite gris clair, ensuite rose et enfin bleu et illuminé. Le soleil apparaît à travers la fenêtre, brillant et argenté.

Je m'amuse à me laisser aveugler par ses rayons et j'essaie de sentir sur mon visage sa chaleur.

Hier soir, à table, la mère de Clémence et d'Olivier nous a dit : « On va opérer votre père demain. Il a quelque chose d'assez grave au cœur et d'après le médecin, c'est la seule chose qui reste à faire.

Demain je quitterai la maison vers 8 heures du matin en même temps que vous. Je ne sais pas à quelle heure je rentrerai. Peut-être très tard. J'ai demandé à la mère de Philippe de venir et de rester avec vous toute la journée, de vous faire à déjeuner et à dîner. Mais elle ne pourra rester que jusqu'à 6 heures du soir.

Vous aurez à réchauffer vous-même le dîner si je ne suis pas rentrée.

Demain ce sera mercredi. Vous n'avez pas classe dans l'après-midi. Je vous appellerai au téléphone dès que possible... »

Olivier a demandé : « Maman est-ce qu'on ne pourrait pas venir avec toi, dans l'après-midi, tous les trois ? »

Elle eut un geste d'énervement : « Non Olivier. D'abord je dois rester à l'hôpital donc je ne pourrai revenir vous prendre. Par ailleurs, il n'y a pas de bus direct d'ici à Ambroise Paré à Boulogne. »

Elle a ensuite éclaté en sanglots et est montée en courant au premier étage.

Nous avons, je crois à ce moment-là, tous les trois ressenti que l'opération de demain risquait d'être grave.

Clémence fut la première à réagir :

« Olivier monte lui porter le dessert et excuse-toi. Ama et moi nous allons débarrasser. »

Quand Olivier fut monté, j'ai dit à Clémence :

« Vas-y aussi Clémence. Je rangerai. Je crois que ta mère a besoin de vous deux. »

J'ai fait exprès de mettre plus de temps pour nettoyer et ranger. Cela me faisait du bien de les savoir ensemble. Longtemps après, quand je suis montée, elle vint vers moi dans le couloir :

« Merci Ama. Moi qui devais être une seconde maman pour toi, qui devais t'aider... et c'est toi qui m'aides en ce moment... »

J'aurais voulu lui parler, lui dire que j'ai, dans mon cœur, le sentiment d'avoir retrouvé une seconde famille, que depuis quelque temps j'ai oublié la guerre, les hommes en noir, que même quelquefois je repense à ma propre famille avec espoir... Tout ce que je pus dire fut : « Je voudrais prendre le petit déjeuner avec vous demain avant que vous ne partiez... »

**
*

Longue fut cette journée de mercredi. Dès que nous sommes rentrés de l'école, nous avons demandé à la mère de Philippe qui nous attendait pour déjeuner :

« Est-ce que vous avez des nouvelles ? »

Elle a dit non et nous nous sommes mis à table. Le déjeuner fut triste et rapide.

A un moment j'ai demandé à la mère de Philippe :

« Est-ce que Philippe viendra aujourd'hui ? »

Elle me répondit :

« Oui je crois qu'il viendra me chercher tout à l'heure. »

Nous avons essayé d'occuper de notre mieux l'après-midi. Olivier s'est escrimé sur une maquette à monter; Clémence pianote mais regarde sans cesse le téléphone posé sur le piano.

J'ai essayé de lire, puis de travailler à mes devoirs, mais tout se brouille un peu dans mon esprit.

Peut-être parce que j'attends également Philippe que je n'ai pas vu depuis deux ou trois semaines.

Je sens confusément que quelque chose s'est passé ou va se passer entre nous et aujourd'hui malgré le soleil du début d'été j'ai froid.

Vers cinq heures de l'après-midi Philippe est venu et il n'y a toujours pas eu d'appel de la mère de Clémence et d'Olivier.

J'ai demandé à Philippe s'il voulait qu'on marche un peu jusqu'au parc de Saint-Cloud. Il a regardé sa montre puis m'a dit :

« Juste une demi-heure à trois quarts d'heure, si tu veux. »

J'ai su à cette réponse que quelque chose s'était cassé entre nous. Nous nous sommes dit « Je t'aime » à la fin de l'hiver et depuis je rêvais au prochain hiver en me disant que cela ferait un an, et ensuite deux, et ainsi de suite.

Au parc de Saint-Cloud, pendant notre promenade, Philippe m'a mis sa veste sur les épaules car il faisait un peu frais.

A un moment j'ai mis la main dans la poche de la veste. J'ai senti une lettre et j'ai cru un instant qu'elle était

pour moi. Inconsciemment je l'ai prise. J'ai senti un parfum
sur le papier, et je n'ai vu que la signature : « J... »

En moi tout s'est un peu brouillé et j'ai demandé à
Philippe : « Qui est-ce ? »

Philippe est très intelligent et j'ai su tout de suite qu'il
était en train de bâtir sa justification. Je me suis écartée
de lui et déjà je n'entendais plus rien, sauf un bourdonnement dans ma tête et sauf mon cœur qui battait fort. Ou
si, des bribes de phrases :

« Un amour, un autre amour, une autre forme d'amour...
J... sait me parler sans arrière-pensée... »

S'appelle-t-elle Jeanne, Jacqueline ou Justine. Peu importe... J'ai mis mes mains sur mes oreilles et je me suis
enfuie.

*
**

Il est tard... je ressasse les mots que j'ai entendus.

Peut-il y avoir un autre amour ? Une autre forme
d'amour ?... Est-ce que je lui ai parlé avec arrière-pensée ?
Je lui ai si peu parlé.

Je sais que j'étais bien et heureuse et quand je suis
comme cela, je ne peux guère parler. Sauf serrer sa main
très fort. Je ne sais pas ce qui lui est arrivé, ce qui s'est
passé dans sa tête. Je ne suis pas triste mais je trouve tout
cela navrant.

VI

Quand nous étions dans le camp en Thaïlande, et aussi au début, dans les premiers mois de ma vie à Ville-d'Avray, je faisais souvent des cauchemars.

Voilà que cela recommence... C'est toujours à peu près le même paysage, la même scène, les mêmes bruits.

Tout brûle sous le soleil aride.

Le défilé descend vers ce qui devait être autrefois la vallée mais maintenant les arbres y sont rabougris et la terre retournée. La rivière charrie des eaux troubles et elle roule inlassablement, puissante et inquiétante. Au-delà de la rivière est un fort, trapu mais un peu mièvre dans ce paysage quelque peu irréel. Plus loin des maisons, peut-être blanches à l'origine mais virant au gris, de ce gris terne et un peu transparent annonciateur d'une mort lente.

Le défilé entaille les collines, apparaissant par endroits, traînée sombre dans les falaises crayeuses. Des rocs aux pointes acérées, de la broussaille.

Plus haut vers les collines d'immenses rochers qu'on dirait posés en équilibre sur la pente, se découpent en silhouettes fantomatiques dans la lumière blanche du ciel.

Il n'y a pas d'herbe dans les champs, mais d'immenses rangées de barbelés.

Et serpentant parmi les barbelés de longues files d'hommes en noir. Puis tout devient sombre. La nuit.

Une sourde explosion et le ciel s'éclaire d'une lueur écarlate et la terre frissonne en ondes de plus en plus violentes. Des blocs de pierre fusent dans l'air et retombant, soulèvent des nuages de poussière. Les explosions se suivent, amenant d'autres blocs de pierre, d'autres nuages de poussière. Cycle sans fin.

Maintenant la nuit est éclairée, lumineuse comme en plein jour, mais de mille petits soleils. Les champs vomissent les barbelés, la terre se creuse de colère. Comme s'ils voulaient se venger d'être rejetés, les barbelés en l'air flagellent les arbres morts avant de retomber plus loin. Le vent rentre dans la tourmente, hurle dans la vallée. Sur une route des silhouettes fantomatiques courent. De temps à autre quelques-unes s'écrasent à terre et la poussière les recouvre aussitôt. Le vent répercute dans la vallée leurs hurlements étouffés.

Puis tout à coup sur la route je vois mes parents et mon petit frère. Ils sont bien vivants mais amaigris et vieillis.

La peur, la tristesse, la résignation se lisent dans leurs yeux. Ils nous cherchent ma sœur et moi. Ils nous cherchent sans nous trouver.

Je tends les bras vers eux, je crie, je les appelle, mais ils ne me voient pas. Et je sens qu'il y a entre nous comme un horrible malentendu, qu'ils ne savent pas combien ils me manquent. Ils se croient oubliés, me tournent le dos et s'éloignent. Leurs silhouettes se voûtent de plus en plus, puis les nuages de poussière les absorbent.

Et je vois le tertre près de notre maison. Il n'y a plus d'herbe et le grand arbre se calcine. Des barbelés entourent le tertre et près de l'arbre mort, je vois des tombes. Quatre. Aussi loin que peut porter ma vue, j'aperçois les champs creusés d'immenses trous et une terre aride; les maisons dressent leurs squelettes noirs et les toits ouverts tendent leur ventre béant.

Les barbelés pointent vers le ciel et on y voit des corps accrochés. Chair contre rouille.

Je pleure, je pleure sans pouvoir m'arrêter et ce sont mes larmes qui me réveillent.

L'impression est si forte que j'ai envie de me lever, d'aller tout de suite chercher ma sœur, repartir là-bas pour essayer de retrouver mes parents, mon petit frère.

Oui, partir maintenant, vite. Puis je vois Clémence encore endormie. Alors je m'assois dans le lit sans faire de bruit et j'entreprends dans ma tête de folles démarches...

Je rencontrerai des personnages importants que je convaincrai de m'aider... Je me jetterai contre la voiture de cet ambassadeur à qui j'ai écrit et qui m'a si mal répondu...

Et le réveil sonne et il me reste la sensation amère de mon impuissance.

Il est tard... presque dix heures du soir et la mère de Clémence et Olivier n'a pas encore appelé.

Nous avons dîné tous les trois, j'ai réchauffé les restes de midi et nous avons à peine touché à nos assiettes.

Quand elle est rentrée vers minuit, elle nous a trouvés tous les trois endormis au salon.

Elle semblait épuisée. Je lui ai apporté un verre de jus d'orange qu'elle but d'un trait.

Elle nous a dit :

« L'opération ne s'est terminée que très tard, il y a à peine deux heures. Je n'ai pu voir le médecin que quelques minutes. Il m'a dit qu'il faut attendre jusqu'à demain. »

Elle est restée silencieuse pendant un long moment, puis comme se parlant à elle-même :

« J'ai froid. J'ai très froid. Il faut aller se coucher... »

En se levant le lendemain, vers sept heures du matin, j'ai trouvé un mot sur la table de la cuisine :

« Ama, Clémence, Olivier,

Je suis repartie à l'hôpital pour être près de votre père à son réveil.

Voici de l'argent. Restez déjeuner à la cantine, car je ne pense pas revenir avant ce soir.

Travaillez bien.

Je vous serre contre moi. »

*
**

Je suis rentrée tôt de l'école car en fait je n'avais pas classe cet après-midi, notre professeur de français étant malade.

Je n'ai pas voulu aller à la cantine et je me suis contentée d'un morceau de pain et de fromage.

J'ai ensuite essayé de ranger la maison et j'ai passé l'aspirateur. Inconsciemment j'attendais des nouvelles, espérant voir la mère de Clémence et Olivier.

J'ai tourné en rond, montant et descendant les escaliers, à un point tel que Mélodie qui me suivait en eut assez et se mit au pied d'un des fauteuils du salon.

J'ai préparé le goûter pour Clémence et Olivier et leur ai mis un petit mot :

« Je vais me promener pendant une heure et ensuite je reviendrai. »

*
**

Je ne voulais pas rester aujourd'hui à Ville-d'Avray et je n'avais pas envie non plus d'aller au parc de Saint-Cloud.

Je n'y suis plus retournée depuis ma dernière promenade avec Philippe. Peut-être « mon arbre » a dû changer et la branche qui mourait a dû définitivement se détacher du tronc.

J'ai marché en direction de Saint-Cloud, un peu au hasard. A un moment on voit une ligne de chemin de fer, ensuite on est au-dessus d'une autoroute... Des villas, certaines cossues, essaient de se cacher derrière quelques arbres malingres, de se défendre contre les immeubles qui sont plus nombreux qu'à Ville-d'Avray.

A un moment j'ai quitté le grand boulevard où il y avait beaucoup trop de voitures et c'est comme cela que j'ai découvert l'église Sainte-Matutina.

Elle est toute en bois, toute fine et ressemble aux maisons de mon pays, avec un toit élancé et pointu, un peu comme une prière vers le ciel...

Il devait être à peine six heures du soir. Je suis rentrée et me suis assise dans un coin. L'intérieur de l'église est clair et c'est comme cela, je crois, que doivent être les endroits de prière. Clairs. Dieu aime la lumière et non la pénombre. Dieu n'a pas besoin, je crois de dorures, de candélabres. Dieu, je le sens, est dépouillé.

Je suis restée assise longtemps. J'ai vu à un moment entrer une vieille dame toute ridée, aux cheveux tout blancs. Elle devait être très âgée mais sa figure rayonnait d'espoir. Je suis encore si jeune et j'ai l'impression d'avoir si peu d'espoir devant moi. En quittant l'église, j'ai simplement pensé :

« Mon Dieu, ayez pitié du père de Clémence et Olivier. Je suis sûre qu'il est bon, et Clémence et Olivier ont encore besoin de lui. »

*
**

Je les ai trouvés en rentrant de Sainte-Matutina, Clémence et Olivier, leur maman et leur tante. Ils pleuraient doucement, tous, et j'ai deviné tout de suite que le malheur était arrivé, que le père de Clémence et Olivier était mort.

Seule une petite lumière éclaire faiblement le salon. Je me suis assise sur une chaise un peu à l'écart, dans la pénombre pour qu'on ne voit pas mes larmes. J'ai eu le sentiment de les déranger s'ils s'apercevaient que moi aussi, j'ai du chagrin.

Je ne suis rien d'autre pour eux que quelqu'un qu'on a recueilli et le malheur d'une famille est quelque chose d'intime.

J'ai eu à un moment l'idée de proposer de faire un feu dans la cheminée car c'est toujours ce que proposait le père de Clémence et Olivier quand on se retrouvait tous. Je me suis retenue... et pourtant, je suis sûre que là où il est maintenant, cela lui aurait fait plaisir... C'est étrange, comme dans ces cas-là, notre esprit passe rapidement d'une idée à l'autre. Je le revois se moquant un peu de la vieille tante, qui venait nous parler quelquefois de Dieu.

Je le revois le regard un peu exalté, un peu fiévreux dans un visage fatigué, quand il débarquait au petit matin, arrivant d'un de ses lointains voyages.

Je l'entends encore fredonner... landes de brumes, ciel déchaîné... tout chavire.

Nous ne mangeâmes point ce soir-là, peu les jours suivants.

Chacun fit les gestes qu'il faut, jusqu'au jour de l'enterrement.

*
**

On ne l'a pas enterré à Ville-d'Avray, mais dans le quatorzième arrondissement, là où la famille a un caveau. Il y a eu peu de monde, quelques messieurs qui étaient de son bureau, la vieille tante et nous quatre.

J'ai marché un peu en retrait. Toujours cette peur de déranger. Alors Clémence est venue me prendre la main et ne l'a pas lâchée durant toute la cérémonie.

*
**

Demain sera le dernier jour à l'école.

Demain commencent les vacances. Il fait beau à Ville-d'Avray et presque chaud.

Nous avons tous attendu, j'ai tant attendu ce jour... la plage en Bretagne, les promenades avec Philippe... Je repense maintenant à Philippe avec tendresse, je n'ai pas su lui plaire, je n'ai pas su lui montrer ce que j'ai dans le cœur, lui inspirer mon amour. Je sais maintenant aussi qu'il n'y aura pas de vacances en Bretagne car j'ai parlé hier avec la mère de Clémence et Olivier.

Lorsque je suis venue, comme tous les soirs lui dire bonsoir et l'embrasser, elle m'a dit :

« Ama, j'aimerais que tu viennes dans ma chambre tout à l'heure, je voudrais te parler. »

Je l'ai retrouvée dans la chambre assise dans le fauteuil.

Je me suis mise par terre près d'elle; j'ai posé ma tête sur ses genoux et c'est moi qui ai parlé la première :

« Je dois partir Madame, n'est-ce pas ? »

J'ai senti ses larmes tomber sur mes cheveux. Elle m'a dit doucement :

« Oui Ama. Et j'ai honte. Tant que mon mari vivait, il n'y avait pas de problème d'argent. Mais maintenant je dois travailler et je sais faire si peu de choses. Je ne sais même pas si je trouverai du travail. Et peut-être parce que nous étions jeunes, un peu fous, ni lui ni moi, nous n'avons pensé à économiser.

Je dois rendre Ville-d'Avray. Le loyer est trop cher.

Je vais prendre un petit appartement... »

Je l'ai interrompue :

« Est-ce que Clémence et Olivier sont au courant ? »

Elle hésita un peu avant de répondre :

« Non pas encore. Et je ne sais pas comment le leur dire car je sais qu'ils t'aiment beaucoup. Tout le monde a été heureux de t'avoir ici. »

Je me suis levée et je lui ai dit aussi doucement que j'ai pu :

« Je vous comprends Madame. Ce n'est pas grave vous savez. Je retrouverai peut-être une autre famille. De toute façon, je vais retourner au camp de Créteil... »

Elle m'a retenue :

« Mais Ama, ce n'est pas pour tout de suite. D'ailleurs Clémence et Olivier vont partir en Charente chez leur tante. Tu peux y aller avec eux. Ce dont je te parle c'est pour la rentrée. D'ailleurs j'essaierai d'ici là de te trouver un foyer parmi nos amis... »

Je l'ai coupée :

« Non Madame, c'est mieux ainsi. Je partirai dès que possible. Après les vacances, ce serait plus difficile pour moi. »

***

Clémence a pleuré quand elle m'a vue faire ma valise.

Olivier, le petit Olivier, m'a offert son plus beau porte-clés, celui qui a une boussole.

Ils m'ont déposé à Créteil. J'ai promis de leur écrire, eux aussi.

***

Beaucoup de temps a passé. Je suis au camp de Créteil. Il fait très chaud, et je m'ennuie.

Finalement ma vie n'a commencé nulle part...

BIEN APRÈS...

Peut-être, finalement, j'ai tant vu le visage de la mort, et de trop près, qu'elle est devenue presque une intime.

Et je vois la mienne plus tard...

Des oiseaux noirs ont fondu sur ma vie. Un flot ocre déferle sur les champs verts. Sur le chemin poussiéreux la mort conduit, le visage tendu de parchemin.

Des bruits de pierre sous les chaussures... Le ciel d'un bleu impavide... tandis que la mort attend, blanche, penchée au-dessus des fleurs vivantes.

La mort fait doucement frissonner malgré la chaleur du soleil. Le vent caresse l'herbe tendre des champs.

Mais tendu de parchemin, sans joie et sans colère, le visage de la mort est là, qui attend.

Je l'ai vue dans une mare, ou est-ce un trou de bombe, remplie d'une eau verdâtre, où des enfants nus se baignent.

Je l'ai vue maintenant avec sa tête hirsute. Je l'ai vue qui courait sur mes pas et lui ai échappé. Je l'ai vue me précéder dans la nuit et m'attendre aux détours des chemins, pour m'effrayer.

Je l'ai vue sur certains visages burinés ou veules, marqués par le destin, je l'ai vue dans l'enfant qui roula dans la boue, chez un aveugle devant ma porte, dans la chambre où la solitude me poursuit.

J'ai entendu la mort dans les bruits de la guerre. Je l'ai entendue dans le silence des champs dévastés par les bombes.

J'ai senti la mort, je l'ai respirée, je l'ai touchée, tout au long de notre fuite avec ma famille, pendant tant de temps passé dans ce camp en Thaïlande, finalement toute ma vie.

Je la goûterai un jour lorsque je n'en pourrai plus.

*
**

Ne vous dérangez pas, je ne fais que passer dans la vie, je ne fais que traverser votre vie.

Je ne fais que passer dans la ville bondée de fauves. Je voudrais rejoindre la campagne peuplée de bêtes : je leur prêcherai la vie en riant.

Je ne fais que passer près de vos tours noircies par les flammes qui viennent des entrailles de la terre. Je voudrais m'asseoir sur l'herbe : je regarderai le ciel en priant.

Ne te dérange pas, il n'y a pas d'amour. Nulle part. Je ne fais que passer dans ta vie pour l'égayer un peu. Si peu.

Ne te dérange pas, je te laisse ton amour car je suis déjà en partance et il est tard. Si tard. Laisse les objets. Les roses fanées ont pris leur forme définitive. Laisse les souvenirs. Ils ont laissé leur empreinte finale et meurtrissent.

Je ne fais que passer dans les songes et la vie, et les champs et les tours, et les flammes et les bêtes.

Ne vous dérangez plus, je ne fais que passer pour rejoindre l'herbe et les étoiles.

Je hais la guerre. Je hais les hommes qui par leurs actions déclenchent, entretiennent la guerre.

Je pleure toujours, et cela sera ainsi toute ma vie, mes parents, mon oncle, mes deux frères. Je sais que maintenant tous sont morts.

Je repense souvent à Clémence et Olivier, à leurs parents.

J'ai été bien avec eux, mais ainsi est le destin.

Dans mon amour d'adolescente, j'ai tendu la main et tant espéré. Il ne reste de ce feu qu'une immense tendresse car, et c'est vrai, on ne guérit jamais entièrement de l'amour, de son enfance... Il reste aussi quelque chose d'infiniment douloureux et doux...

*
**

Ama n'était qu'un prénom, un rêve, une désespérance.

Mais j'ai tant aimé les chevaux et la mer, avec trop de tendresse, pour aimer maintenant la ville..

Mais je t'ai tant aimé, si fort et si mal et je t'ai tant perdu, pour redouter maintenant la souffrance.

EPILOGUE

Après avoir passé l'été au camp de Créteil, Ama a été recueillie par une dame célibataire, qui pendant longtemps a cherché à adopter un enfant.

La dame est professeur d'anglais dans un collège de la région parisienne; elle aurait voulu un enfant plus jeune mais l'auteur croit savoir qu'Ama est heureuse, qu'elles sont toutes les deux heureuses.

Malmont, décembre 1980